河出文庫

生きていく民俗

生業の推移

宮本常一

kawade bunko

河出書房新社

生きていく民俗

生業の推移

◉

目次

第2章 職業の起り

第3章　都会と職業

生きていく民俗

生業の推移

序　現代の職業観

1　きらわれる農業

生きてゆくということはほんとに骨の折れることである。

はたらけど
はたらけど猶わが生活《くらし》楽にならざり
ぢつと手を見る

と石川啄木は歌ったが、同じような思いに生涯を終る人は少なくない。時にははなやかな日もあったにしても、それをふりかえってみて、落日に向うようなわびしさを持つ老人は多い。

老人だけではない。若い者の中にも、なぜ自分はこんな仕事をしていなければならないのか、なぜこんな仕事を選んだのかと思いつつ、なおそこから抜出せないで自分の仕事に疑問を持ち苦しみながら生きている人も多い。

それにしても最近は職業をかえることがかなり自由になってきた。そして転々として職場を変ってゆく若い人たちを多く見かける。新しいよりよい職場というのは、多くの場合、給料の多い職場のようである。少しでも多くの給料を得ようとするために、あらゆる方法や手段が講ぜられる。給料引上げの団体交渉もそうだし、大学入学を目指すのもそれである。小さい会社よりも大きい会社に入りたがるのもそうであろう。そして年をとるほど、給料も上り生活も安定するようにとひたすら祈っている。そうした考え方が一般化するにつれて、それと反対の現象の見られる職業はしだいにうとんぜられていく。

農業などその一つである。いくら働いても将来土地をふやしていくこともむずかしいし、収入を倍加することも容易でない。しかも労働は決して楽にならない。そういう仕事に対して力いっぱい取組んでみようとする若者はたいへん少なくなってきた。そうさせたのについてはいろいろの理由があるが、その一つに、

「農家へは嫁にゆかぬ」

という娘がふえたことを見のがしてはならぬ。農村に娘がいないわけではない。娘はたくさんいるのだが、昔とちがって娘にも職業がふえた。町村の役場・農協・会社・商店など、娘を雇用している所がずっとふえてきて、それぞれ美しい身なりをしてそういう所へ勤める。また都会へもたくさん就職のために出てゆく。そういうことが娘の気持をはなやかにし、自由にした。戦前にはそういうことはほとんどなかった。女の勤め口といえば小学校の先生か、女工か、女中くらいのものであった。大半の娘は家にいて、嫁にもらわれるのを待っていた。だから農家でもどこでもよかった。しかし今のようにそれぞれ職業を持つようになると、男を見る眼も肥え、また進んで好伴侶をえらぶようにもなる。

したがって共働きといっても、野良から帰ってくると炊事の仕度もしなければならないような農家の嫁には、しだいに来る者が減ってきたのである。そしておそらく今日農業ほど若い者たちにきらわれている職業はないであろうと思われる。

2　女の本音

そこで私は二つの思い出話を書いてみよう。その一つは昭和二二年のことである。私はそのころ新潟県の農村青年の集りへ、話をたのまれて度々出かけていた。したがってほんとに親しい青年がずいぶんいて、いろいろの身の上相談にものっていた。それらの青年の中にとくにまじめで優秀な青年がいた。青年の仲間からは尊敬されており、仕事もよくやったが、青年団の世話なども実によくしていた。その彼に好きな娘がいた。愛くるしい大きな黒い瞳の美しい娘さんであった。会があると彼女もきっと出てきて彼とともによく世話をしていた。二人とも仲よくしているので、そのうち結婚するのかと思っていたら、青年の方から手紙が来て、

「彼女は別の男と結婚した。まったく裏切られた思いで暗澹としている」

という。どうしたことかと、とんでいってきいてみると、娘さんの方の言い分が私の心をうった。

「あの人はいい人だと思います。模範青年で、私もほんとに尊敬しています。けれども、あの人と一生泥んこになって働かねばならぬことは、とても私には耐えられぬことです。私は百姓が好きでないから、とてもあの人と同じように働けないと思います。私の選んだ人はぐうたらなんです。そして百姓ぎらいでヤミ屋などして暮しをたてており、村人にはきらわれているのですが、彼のそばにいると不思議に気がやすまるし、冗談が口をついて出るのです」

彼女は決して不真面目ではない。が、自分の一生をきめるのに、土にしばりつけられ、

土に使われる生活には耐えられないと考えたのであろう。昭和二二年は、農民のはなやかな時代であったが、そういう中で、すでに若い娘の中には古い様式の農業に対する反感というものが生れつつあった。

ところが、それから十年あまりたった昭和三五年八月、佐渡の多田という所で、農家の五十歳以上の男女三十人ほどと座談会をひらいたとき、女の人たちがしみじみいった言葉にまた深く考えさせられた。

「何としても、子供だけはどんな無理をしても高等学校を卒業させたいと思います。高校を出なければよいところへ就職できません。田舎で百姓をさせるのは可哀そうです。農家の女はほんとにみじめです。働いて働いて、いくら働いても楽になるときがないのです。年がら年中、泥んこになって、あの段々になった田の畔を塗るだけでもたいへんですよ。それからいつも水のたまっている田を、耕したりならしたり。そういう仕事はわたしら一代でやめにして、子供たちにはさせようとは思いません。それでしまいには村が空っぽになるというのですか？　なってもしようがありません」

その場にいる女のすべてが、そういう考え方であった。男の方は少しちがっていた。

「もう少し楽になって、しかももう少し収入のあがるような方法はありませんか。せっかく土地があるのですから、何とかひとふんばりやってみたいのです」

が、よく考えてみると、男の言葉の中にも、将来に対して明るい見通しは、何一つないことがうかがわれる。しかし今までやってきたのだから、できればこれからも何とかやってみたいという気持が残っている。

いずれにしても、農業に対する絶望感は、男女に共通しているといってよいのではなかろうか。そしてしかも本心を打割ったところでは、男よりも女の方に絶望感が強いのではなかろうか。

以上の二つの話の中に、私は古い農業方式が女たちに本能的に嫌悪されていることを知った。だが、現在その仕事に携っているから、やむをえずやっているというにすぎないのである。

昔は「農は百業の基《もとい》」などといわれ、最も尊い職業だと言いつづけられてきた。それは一つのおだてであり、まやかしであった。しかし、百姓たちはその言葉にのって、今日まで一所懸命に働きつづけてきたのであるが、尊い職業に対して、政府も社会もほとんど報いることがなかった。そして気のついたときは、世間からおいてけぼりを食いはじめていたのである。女たちの中には、そういう運命を本能的に知っていた者が多かった。

明治ころの小学校では、教師の服装もフロック・コートや紋付で、鼻下に髭をたくわえるといったいかめしいもので、およそ労働者という言葉からうける感じから遠かったものである。

3　労働者意識

農業は百業の基で尊いものだと思いこんで一所懸命に働いているころ、農業よりは一段上にあって、農民よりはよい暮しをし、村人たちから「先生様」とあがめられていた学校の教育者たちが「教育者は労働者である」と宣言して、世人を、とくに農民をあっと驚かした。農民にとっては、先生は労働者とはおよそ縁の遠いもののように思えていたのである。教育は聖職であり、教師はいつも人の師表にならねばならないというのがそれまでの一般の人の考え方であった。だから給料のことなど口に出していわないものだと思っていたのが、給料引上げ闘争をしたり、政治的な闘争に血道をあげるようになると、世の親たちはたいへん戸惑ってしまった。

農民や世間一般の人の考えている労働者というのは、賃労働者のことであった。肉体労働によって労賃を得る人々——工場の職工・炭坑夫・仲仕・土木工事人夫などで、力はあるが手に一定の職がついていないからそういうものになるのだと思っていた。だから労働者といえば、世人はやや軽蔑の眼で見ていたものである。

ちょうど先生方が給料引上げ闘争をしていたころ、先生たちは父兄の諒解を得るために、しきりに懇談会をひらいていた。私もあるときその懇談会に出席してみたことがあった。先生方が、しきりに、

鉄工場の職工たち

「私たちも労働者ですから」

といっていたら、たまりかねたらしい百姓の一人が、

「労働者、労働者、言いなさるが、わしらの半分も働きなさらんといて、どうして労働者と言いなさるんですか」

と不満そうにいった。すると先生が、

「わたしらは頭脳労働者です。皆さんとちがって頭を使う方の労働者です」

と答えたものである。

「へえ、そういうもんかねえ。そりゃ、わしらより二倍も三倍も頭は使いなされましょうが――」

百姓には納得いかなかったようであるが、とにかく聖職者から労働者になることによって、その生活安定の方向を見出したのであるが、百姓の方はみずから労働者宣言をすることのおくれたために取残されることになった。

これには一つの大きな理由のあったことを見のがしてはならぬ。もともと農業にしたがうものを百姓といって、農民とはいわなかった。農民ということばは、農業者以外のものが多く使用していたが、農業者の中でこれを使用しはじめたのは小作人である。小作人たちが小作人組合をつくるようになってから、これを農民組合と名づけた。そして日本各地に無数に発生した農民組合は、ほとんど小作人組合であり、農民といえば小作人と同義語であった時代がある。

ところが戦後農地解放が行なわれると、ほとんどの農民組合が解体してしまった。そして農民組合運動は消えた。小作人として地主と対立する農民ではなく農業人として、他の職業人に対立して自己の利益を守るための運動への展開は見られなくなったのである。農民組合運動は、小作人組合運動から農業人一般の組合運動に発展すべきものであっただろうが、農業者は労働者であるとともに経営者であるという二重の性格を持っていたことから、いわゆる労働者意識を十分に持つに至らなかったのであろう。

4 新旧の職業

ところで、生きていくための手段や方法は、明治になって武家社会が崩れ、鎖国がとかれ、外国との往来が自由になってから、ずいぶん多種多様になってきた。それまでの社会になかった官公署・軍隊・学校・会社・工場などができて、人々は新しい就職の機会を持つことができるようになった。そして工場労働者や人夫仕事などを除いては、どの社会でも文字を必要としたので、皆文字を学び、新しい世代と職業に適応できるための勉学にいそしみ、才能のある者は貧民の子でも高い地位につくことができるようになってきた。そういうことはそれまでの世界では容易に望めぬところだったのである。

古い社会的な秩序は士農工商であるとされていた。この階層は地方によれば必ずしもその通りになってはいなかった。たとえば長崎県五島などでは、武士の次三男は百姓に

『耕稼春秋』に見える金沢城下の往来。武士・百姓・僧・馬子など、雑多な身分と職業の姿がみられる。（常民文化研究所蔵）

ならずに商人になっている。そして商人でもうかって金ができ、その金を献金すると士分にとりたてられている。五島ばかりでなく、近世初期に武士をやめて城下町などに集ったものは多く商人になっている。

また鹿児島県などでは、地方在住の郷士は、明治維新の際、帰農する者は少なく、大工・左官・鍛冶屋などになっている。それはそういう職業が必ずしも農の下につくほど低いものであると考えられていなかったことを物語る。

が、一応は上述のように士農工商に階級づけられていて、武士以外の生産にたずさわる者たちは、またその中で一つ一つの職業をもっていたが、その職業には貴賤の別がかなりはっきりしていたものである。それらについては後に述べるとして、とにかく一つの職業が世襲されていくのが江戸時代末までの一般の風習であった。

それが前記のように新しい職業がいくつも起るにつれて、人々はその方へ引きつけられていくとともに、そこに新しい職業の階層が生れてきた。

もともと武士は文字を解する者が多かったので、必然的に官吏や軍人になる傾向が強かったが、一般人には会社に勤め、また商業など営む者が多かった。

しかしそれらにもおのずから制限があって、農家・商家など見ると、長男は多く家業をつぎ、次三男は分家させる余地があれば分家もさせるが、そうでない場合に他の職業につかせているのである。だから新しい職業がぐんぐん発展して、それが古い職業を圧迫していく場合もあったけれども、両方が併存して、人の働き口が多種多様になってきたのであった。

第二次大戦までは、新しい職業の中へも古い時代の職業意識が多分に持ちこまれていた。とくに官尊民卑の風は強かった。官吏や軍人や巡査などは、一般民衆の上にあってずいぶん威張ったものである。そこには江戸時代の農民と武士の関係にも似たものが尾をひいていたのである。

5　肩　書

本論に入るまえに、もう少し現実の問題を考えてみたい。職業が自分の好みによって自由に選ばれるようになったのは何といっても戦後の大きな変化であるといっていい。だがそれにしても若干の問題が残る。たとえば将来性のある会社なり官庁なりに勤め、さらにその高級職員になるためには大学を出ていなければならず、大学も有名大学でなければならぬ。高校卒では高級職員になる者は少なく、中学卒は多く肉体的な労働に使役されることになる。したがって学校へゆくということは、教養のためというよりも就職のための意識が強く、職業に対する貴賤観念はうすらいではきたが、学校教育の生み出した身分差というものは容易にとれないようである。

このように職業や身分についての貴賤観念というものは、なかなか消えないものであり、それがどうして消えないか、またどうしてそういうものが起ってきて今日まで続いたかについて見てゆくのをこの書物の大きな目的としたい。

今日もなお、われわれはいろいろの階級観・貴賤観にしばられている。大きい会社に勤める者は小さい会社に勤める者に優越感を持ち、中央官庁に勤める者は地方官庁に勤める者に優越感を持つ。官吏は一般民衆に対しては尊大である場合が多い。いわゆる特権意識はいたるところに見られるのである。つまり、より強い権力を持つものが、より優越感を持つ。ただ、そうした優越した地位が世襲されるのでなく、その人一代で終り、またその地位を去ることによって特権意識もうすれていくところに、現代社会の特色があるが、それにしても地方を歩いてみると、職業の差異によって通婚をしない所は少なくない。たとえば農村と漁村との間には、今も通婚のはばまれている例はきわめて多い。

また未解放部落と一般部落の間の通婚も容易に行なわれようとはしていない。そこには職業による貴賤観がなお強く残っているからである。

こうした貴賤観を生み出すにはいろいろの理由があり、長い歴史があった。一方には「職業に貴賤なし」という言葉もあったけれど、それは終戦までは夢のような話であったといってよかった。しかも貴賤観のもっとも強かったのは軍隊であった。軍隊の中でそれが見られたのである。階級によって上下の差があったばかりでなく、兵種によっても差が見られた。

輜重輪卒《しちょうゆそつ》が兵隊ならば　電信柱に花が咲く

という歌さえあったほどである。輜重輪卒というのは、軍隊の物資を運ぶ兵隊のことである。軍隊がなくなって、階級意識を弱めた効果は実に大きかった。

階級を意識づける一つの条件になったことは肩書であった。もとは姓名の上にすべて肩書をつけてその人の身分を表わしたものである。そういうものが簡単になってきたことも、階級意識をこわすことに大きな役割をはたしている。

第1章　くらしのたて方

1　自給社会

◉宝島にて

もともと古い社会には、職業による社会階級の差などというものはなかったはずである。いや職業そのものも十分分化はしていなかったと思われる。古い時代や未開社会は別として、かつて人々が理想的だと考えた社会はこういうものであろうと思われるような島の調査をしたことがある。鹿児島県大島郡十島《じゅっとう》村宝島がそれである。この島へは昭和一六年に渡った。十島村のうち、もっとも南にあって、南方はるかに奄美大島をのぞむことができる。周囲十二・一キロメートルの小島で、当時の戸数は九十六戸であったとおぼえている。現在は百二十戸近くになっている。口之島・中之島・諏訪之瀬島・悪石《あくせき》島などは背が高く、海上にそびえているのに、この島は平たく、しかも周囲に海蝕崖を持っていないのできわめて平和に見える。実は周囲を珊瑚礁にとりまかれているためである。そしてその珊瑚礁が隆起し、さらに長い間、風雨にさらされ、その石灰岩が雨にとけて石乳の発達した観音洞という鍾乳洞も見られる。昔はこの中に観音様が祭られていたそうであるが、今は見かけない。ただそこにおびただしい経石が残されている。経石というのは、一つの小石に一字ずつ経文が書かれているものであるが、その字が今も消えずに残っており、字体から判定すると鎌倉時代のものではないかと思われる。またこの島には、ネイシという巫女がいるが、その巫女の持った鈴――鈴といっても小さい鉄環を鉄線に通してじゃらじゃら音のたつようにしたものであるが、その鈴に古鏡がつけられており、それには菊花模様があってふちが厚いもので、明らかに鎌倉時代の作品と見られるのである。私の眼でたしかめた年代のほぼわかる歴史的な遺物はこの二つであり、またここまでが日本語の領域になっており、しかもことばとしては鹿児島などよりはるかに訛語の少ないことから、早い時代に九州から来て定住したものの子孫だと思われ、島が文化らしい文化を持つようになったのは鎌倉時代のころからではなかろうかと思うのである。事実、島民は平家の子孫であると称しており、村一番の旧家は平田を名乗っている。そしてその屋敷はトンチ（殿地）と呼ばれている。トンチの屋敷の中には、ションジャと呼ばれる村の祭りを行なう四柱の小屋も建てられており、古い祭政一致の名残を見ることができる。

この島の島外との交通は、昔は一年に一度鹿児島まで年貢船を出すことであった。そのほかに、他から漁船などがやってくることがあればともかく、全く閉ざされた島であった。ただ南の奄美大島、北側の小宝島・悪石島との間に小舟で往来することはあったが、それによって広い世界に接することはできなかった。したがって島内での自給を中心にして生活をたてるよりほかに方法がなかった。

島には北海岸の平地に少し水田があった。旱魃に見舞われることが多くて、毎年同じように米がとれるとはきまっていなかったが、それでも主要な食糧として期待された。島にはまた畑地がかなり広く分布していた。そこにはサツマイモを植え、また甘蔗をつくって砂糖をしぼった。

もともと畑は割替制度があって、明治一六年ころには六十四戸の家があり、それがクジ引きによって割当てられた畑を耕作していたのであるが、明治一八年、地租改正の土地丈量が行なわれ、自分の作っている畑がそのまま自分の所有地となることにきまって地割制度は止んだ。したがってその時の各自の耕地面積は、各戸ほとんど相似たものであるが、その後三十軒ほど分家が出た。分家を出した家は、耕地を二分したので、持地は分家をしない家の半分になったわけである。島の主である平田の家は二軒の分家を出したので、耕地は他の三分の一しかない。

この島には店屋もなく、貨幣の流通することもほとんどないから、売買による土地の移動はまったくない。だから分家をしない限り土地の減少することもない。また島主の家でも特別に広く土地を持つわけでもなかった。だから三軒にわかれて土地が三分の一に減った島主の家が島では持地が一番少なかった。

◉自給の組織

この小さな島でどうしても買わなければならないのは、鍋釜鍬鎌のような金具類と材木であった。他はほとんど自給できたのである。さきにもいったように、食うものは自作した。砂糖もある。塩は夏七月ころの暑い太陽の照るとき、西海岸の珊瑚礁へ行って、岩のくぼみにたまっている海水をくみ、平釜で煮つめてつくる。タバコは本来なら専売で自作は許されないが、彼らはいずれも自作していた。また酒もサツマイモを煮て醱酵させ、それを蒸溜してイモ焼酎《しょうちゅう》を作った。

着るものは、部落の東北のカネク（砂丘）の内側の湿地に生えている、バショウをとって来て、その繊維をとって織り、また明治時代までは山桑がたくさん野生していたので、それで蚕を飼い生糸をとって絹布を織って衣料にあてたのである。蓑や笠はコバの葉を利用して作った。島にはコバの木が多かった。コバは棕梠《しゅろ》に似ているがそれよりも葉が広い。

家は材木さえあれば自分たちで建てた。もとは一家の戸主はすべて大工の技術を身につけていなければならないとされており、私がこの島に渡ったころにも、まだ五十人をこえる大工技術を身につけた人たちがいた。その仲間が寄集って家を建て、学校なども建てた。

漁船も造船技術を持つ者が十七人いた。そして板付《いたつけ》舟をつくった。宝島から北の島々は刳舟《くりぶね》をつくり、それを利用していたが、宝島だけは板付舟建造の技術を身につけていて、その人たちが船をつくる。技術を持たない人は持つ人に船をつくってもらい、その間だけ船大工の家の畑仕事にいく。つまり労働交換である。島には鍛冶屋が一軒あった。この鍛冶屋は年中カンカンと鍬や鎌をつくっていた。すべて村人の注文で、たいていは古くなったものの打直しであるが、鍬なら鍬をたのみに来た百姓は、打直してもらう時間の二倍あまりを、鍛冶屋の畑で働く。だから鍛冶屋はほとんど畑へ出ることはないが、こうして村の百姓たちによって植付から取入まで完全に行なわれるのである。

島民はまた同じような農業技術を持ち、漁撈技術を持ち、また操舟にもたけていたから、明治中期まで毎年鹿児島へ年貢船で出かけるときには、島民交代で船役を勤めたのである。

つまりこの島には鍛冶屋を除いては、ほんとうに職業は分化していなかったのである。したがって島で生産されたものだけで暮しをたて、島で生産できないものを購入するために甘蔗をつくって砂糖をとり、またずっと以前はカツオを釣ってカツオブシをつくり、それらを鹿児島まで持っていって売ったのである。

自給を主として、しかも島内には金銭の必要がなく、財産も平均して他人の生活をうらやましがるようなこともなければ、その世界はまさに天国であるといっていい。

おそらく、古い時代にはこのような集落が本土にも方々に広く分布していたのではないかと思うのである。そしてこれは単に島であるからこのような社会構造をとっていたとは考えられない。

島にはネイシと呼ばれる巫女が三人と、オヤシュとよばれる男の神主が二人いたが、それらも世襲ではなく、女の方は神がかりすることのある女の中から選ばれ、男の方も神祭りの心得のある者がオヤシュになっている。つまり家によってある種の職がうけつがれるのではなく、その職にふさわしいものが選ばれて神役などをつとめる。そしてそれぞれ村の中で自分の果さねばならぬ役割を忠実に守っていたのである。

そしてそこには職業についての貴賤観もなく、個々の人間に階級の上下もほとんどみとめられなかった。ただ、慶長年間の島津氏琉球征伐のとき、琉球から連れてきたという者の子孫が残っていて、その者のみ、村ではすべて半人前に取扱われていたのである。

2　交易社会

◉下北半島にて

宝島のように、気候も暖かく、植物もよく茂り、周囲にあるものをとり、また田畑を耕作して大半が自給できるような自然は、日本の国土の上からいって大体半分ほどの面積を占めているのではないかと思われるが、一方交換を中心にして生活をたてなければならない世界も広かった。ここでは青森県の下北《しもきた》半島をとりあげてみよう。

下北半島は、本州の北端にあって、地図の上で見ると斧状になっている。その刃の方の部分は山岳が重なりあって、昔はヒバ（アスナロ）の原始林で、伐っても伐っても伐りつくせないほど見事な山林であった。今も山中へ行くと、美林が残っているのである。

そしてこの山地の周囲の海岸にならぶ村々はヒバを伐って売って生活をたてていた。

また斧の背にあたる方、つまり東海岸方面は低い丘陵が続いていて、そこは牛馬の放牧が行なわれ、また砂鉄が掘られていたのである。海岸地方はイワシ・ニシンなどが寄って来、コンブもとれて、その豊富な海産物で生活をたてることができた。そして早くから人の住みついていたことは考古学的な遺跡の豊富なことからも知られるのである。

しかしここでは冬が長くまたきびしいために、作物も夏の間だけしかつくれない。最近は米もつくられるようになったが、大正時代までは水田にはヒエしかつくれなかった。畑もヒエ・ソバ・ダイズのようなものが多くつくられたが、その収穫は知れたものである。

このようなきびしい自然の中へ住みつこうとするには、自給を目的とするのではなくて、そこに大きな利益をあげるものがあり、それをとって交易にあて、それによって生活をたてようとしたものと思われるのである。

その初め、この地方へやって来た人たちは、その広々とした自然を利用しようと考えた人たちではなかったかと思う。まず狩猟が行なわれ、牛馬の放牧なども盛んに行なわれたと思う。放牧といったところで、野生同様に野に放っておいたものを一年に何回か日をきめて牛馬をとらえ、それを飼いならし、牛馬を必要とする地方へまでひいていって売ったものであろう。

一方、海岸伝いにやって来た人たちは、海岸近く寄って来るイワシやニシンを網でとり、それらの魚を煮て油をとり、煮粕はしぼって肥料にする。それも魚肥が農耕に利用されるようになった近世以来のことと思われる。魚を追うて来た仲間は魚だけが目あてであった。そして魚をとるには一人ではとれない。仲間をつくり、仲間のチームワークによって網をひかねばならぬ。それには仲間を統率するだけの力量のある者がいなければならぬ。さらに一定の場所に住みついたとして、十分に食糧がないのだから、魚油や魚粕を売った金で生活に必要なものも買入れなければならぬ。そういう交易は一人一人が行なっていたのでは時間ばかりかかって容易ではない。なぜなら村の中に店屋があるわけではなし、また隣村も遠い。商品流通の仕事にあたっている問屋の所在地は、何里というほどはなれていることが少なくない。したがって、物を売るにも買うにも、村で一括して行なうのがよい。その場合中心になって世話をしてくれる親方が必要になってくる。

こうして物資の交換を中心にして生計をたてていくような村には、その世話をする親方の家が存在しているものである。

◉親方村の解体

親方ばかりでなく生産したものを売ったり、生活に必要なものを買入れたりして、それを運搬するためにはたくさんの輸送人夫が必要になる。輸送人夫はその村の中の者があたることもあるが、それを専門に行なう村もできてくる。下北半島には輸送を生業とする村がいくつも見られた。半島の東岸に近い山中の上田代や、むつ市の北部にある樺山はそういう所であった。

この半島は昔は道がおそろしく悪かった。バラスも何もしいてなかったから、雨が降ったり、雪解けの後などはぬかるんで、時には膝を没するような場所もあった。その道を五、六頭の牛に荷をつけてひいて田名部《たなぶ》の町まで出る。まったくたいへんな苦労であった。そしてそういう村は運賃によって生活をたてたのである。

松浦武四郎の書いた『壺碑考《つぼのひこう》』を見ていると、下北半島の略図が出て、地名とそこに住んでいた豪族の名が記されている。試みに半島の東部の方だけあげてみると奥内九郎（奥内）・野沢三郎（田代）・中津川監物（目名）・大湊三太夫（尻労）・目波左京（小金）・大谷弥市（鳥沢）・正津川弾正（正津川）・赤星太郎（田名部）・目梨右京（安渡）・歌川常陸（安渡）・川字七郎（安渡）・湊立雪（ウソリ川）などである。この図は康正三年（一四五七）に描かれたことになっているが、それを十分信ずることはできない。カッコの中に書いたのは地名だが、今人家のなくなっている小金・鳥沢のような所もある。多分この地図は、ある時期に口碑に基づいて描かれたものであろうが、とにかく部落に豪族の居住したものが多かった。豪族といっても二十戸内外の村のことであるから、親方だったと思われる。そして村はそういう親方によって統率され、親方同士はそれぞれ連携をとっていたものであろう。

そして江戸時代の初めまでは、農耕にあたって魚肥などもほとんど使っていなかったのだから、魚の大量捕獲などはそれほど盛んに行なわれず、牛馬の放牧や砂鉄精錬などに主力がおかれていたのではなかったかと思われる。

ところが下北の自然はきびしく、夏が寒かったり冬が長く続いたりして僅かばかりつくっている農作物すらが全滅するようなことが少なくなかったようで、時には南方からの食物輸送が間にあわず、一村離散全滅というようなこともしばしば見られたと思われる。天明四年（一七八四）は大へんな飢饉であったが、その年のことを田名部常念寺や円通寺の過去帳を見ると、死者の数はおびただしく、とくに尻屋《しりや》・尻労《しっかり》がひどい。尻屋は九十人あまり、尻労は百人をはるかにこえているようで、おそらく一村全滅同様になったのではないかと思う。なぜなら、その当時、尻屋・尻労はともに二十戸余りにすぎなかったといわれているから。

ところが、それが五十年もたったころに村の人口も天明年間よりふえてくるのは自然増ではなくて、他所からやって来たものが多かったと推定されるのである。

◉職業の分化

そしてそういう大きな変事があると、旧家というものはつぶれていったもののようである。死絶したのか、あるいは危険多い世界をあきらめて南方へ帰っていったものか明らかでない。ただ凶作の後には小物ばかりが残って、同じような生活をたてはじめる。

村の親方はほろびても、田名部を中心にした問屋は残っている。そこは物資集散の中心地なので、飢饉などに耐える力もある。東部の村々は直接に生産物を田名部の問屋に売り、問屋はそれに対して必要な物資や食糧を送り届けるようになったので、東部の村々では村の中に親方がいなくても、交易は十分できることになったわけである。

一見すると、村の中には同じような財産を持った家があり、広い共有地もあり、ほぼ同じほどの耕地を持ち、海でとったコンブなど仲間でとって同じように分ける習俗を持つ尻屋など原始共産村落とさわがれたのであるが、決して原始的なものではなく、交易を主にしなければ生計のたてられないこの天地にあって、社会構造をくつがえすような災害が何回もくりかえされながら、交易の体制だけはくずされず、むしろ問屋が一カ所に集中して強化されつつ、地方の村々はその問屋に結ばれて生活をたててきたのであった。

そしてさきにもいったように、畜産や鉱山や漁撈に携わるばかりでなく、その物資を輸送することによって生計をたてる村もあり、中にはまた杣《そま》や大工で生計をたてる村もあった。一見すると、同じように見えるけれども、村の中に入ると、それぞれ生活のたて方のちがっているのが交易を中心にした地方の村の姿であるといっていい。

つまり、交易を中心にした社会には、そこにすでにいろいろの職業が分化発生しつつあることに気付くのである。そして日本には、早くからこうした自給中心の村と交易中心の村があったと思われる。

3　職業貴賤観の芽生え

◉白山麓にて

交易にたよらなければ生計がたたない村は、気候のきびしい東北地方ばかりでなく、山間地方にも多かったのである。山の中ではやはり自然条件がきびしくて、そこで営まれる生業は大きく制限されてくる。その一つの例として、石川県白山《はくさん》麓の村をあげてみよう。白山をめぐるその周辺の山地は、古くから焼畑がきわめて盛んに行なわれているので知られていた。この地方は山も深いのである。その山のひだひだに、人が住みついている。そして山を伐って火をかけ、そのあとにソバ・ヒエ・ダイズなどをつくる。焼畑をつくることをムツシという。ムツシが盛んになると、山火事がよく起り、山が荒れる。山が荒れると雨の降るたびに、また春さき雪がとけてなだれが川におち込むごとに、山肌がけずられて、その土砂が川になだれ込み、下流へ押し流されていく。そのために下流は川床が高くなり、洪水に見舞われることが多くなり、加賀藩はしばしば焼畑の禁令を出したがなかなか守られなかった。そこで寛文のころ（一六六一～七三）、白山麓の住民の一部を能登半島へ移住させたことがあった。だが彼らは能登半島へ来ても焼畑をやめなかったばかりでなく、周囲の村もその技術をならうようになったのである。

白山麓の農民たちは、どうして焼畑づくりにそれほどまで熱中したのであろうか。彼らはただ食糧を自給したかったのである。食糧を自給して一応食うに事欠かなくなった上で、するべき仕事があった。蚕を飼うことと、雪鋤・鍬棒をつくることであった。越前・加賀の平野地方は水田が広く、そこには山林も何もない。だから鍬棒も鎌柄もすべて買わねばならぬ。そのようなものは越前・加賀の山中に住んでいるものが供給した。またそういう需要があるので山の中へも入っていったのである。

雪鋤・鍬棒などは、ブナの木でつくる。したがってブナの木の多い所に小屋掛して木を伐り倒しつつ作業し、その近くに適当な耕作場所があれば焼畑を行なう。初めは白峯《しらみね》の中心である牛首《うしくび》のあたりで主として作業していたようであるが、しだいに谷々の奥まで深く入り込んでいって、そこに小屋掛して焼畑を耕作し、冬になると、山を下って里の家で生活したようであるが、江戸時代の中ごろから後は、そのまま山地にとどまっていって定住する者が多くなった。したがって民家はこの山中全体に分布するようになっていったのであるが、その生活はまったくみじめなものであったといわざるをえなかった。焼畑でつくる食糧にしても食うほどには足らなかったし、鍬棒つくり稼ぎも仕事ばかりがいそがしくて、儲けはうすかったのである。交易によって生きる村には、その中間に荷物を取扱う親方がどうしても介在せざるをえなかったからである。

◉親方の位置

この山中の土地は、ほとんど親方の持地で、共有地はきわめて少なかった。どうしてそうなったのか明らかでないが、白山は昔からこの地方の信仰対象の山であり、そのために登山する人も多く、牛首の村はもと白山社に仕える社人の村ではなかったかと思われる。それがはやく真宗が入り込んで真宗に改宗するとともに帰農するようになったものと思われ、旧社人の首領たちが、山地を私有するにいたったものであろう。牛首には親方の家が三軒あり、いずれも広大な山林を持っていた。牛首以外の古い部落にも親方は存在していたのである。土地を持たない住民たちは地内子《じないご》とよばれ、それらのどの親方かの子方として隷属し、山地をひらいて焼畑をつくるといっても、親方の土地を耕作し、したがって親方の家に年貢もおさめ、時には労働奉仕もさせられたのである。

親方の家は親方として地内子たちの上にあって村を統率するばかりでなく、地内子たちの作った鍬棒などを集めて平野地方へ運んで金にかえ、また生活に必要な物資を買入れる役割もはたしていたので、その権利は絶大であった。

子方たちは自分のつくった鍬棒を背負って平野地方へ売りに出てもよかったわけであるが、山中から重い荷を背負って平野に出るには、丸一日以上かかった。もどってくるにも一日かかる。どうしても三日は予定しないと一荷の品を金にすることはできない。それでは山で稼ぐ日が減って儲けはいよいようすくなる。したがって親方に少々うまい汁を吸われても、つくった鍬棒は親方の家まで持って出て販売してもらう方が鍬棒をたくさんつくることができて有利であると考えた。

親方は山中で生産された鍬棒を自分の家に集め、人夫をやとって里へ負い出させるのである。この人夫をボッカといった。ボッカは背負子《しょいこ》を負い、それに荷をくりつけて山道を歩く。今歩いてみても、兎が通るほどの細道で、いたってけわしいところが多い。

その道を男なら一束八貫目のものを二束背負って歩いたのである。女ならば一束、若い娘なら半束を一荷とした。

　牛首のさらに奥の白山へ登りにかかる一ノ瀬・赤岩・三ツ谷のあたりでは、鍬棒の三割は越前、七割は加賀へ出した。加賀へ出すものは手取《てどり》川に沿うてきり立てたような崖下の道をゆくのであるが、だいたい下り一方であるから、比較的楽であるが、越前へ出るには大きな峠を越えなければならなかったので、一日一升の飯を食べねば身体が続かなかったといわれている。

現代は、主として登山者の荷物を運搬する立山のボッカ

　こうしてこの山中でも、鍬棒を製造する者とこれを運ぶボッカと、またそうした物資の取扱をする親方との三つの職業と階層が見られたのである。

　さて山中で生産されるものは鍬棒ばかりでなく、オーレン・ワサビ・キワダなどもあって、それらも里の方へ持出された。

　焼畑あとへは、明治になると桑が植えられて、養蚕が行なわれることになる。鍬棒がしだいに売れなくなったことと、もう一つは繭二十貫目の価格は鍬棒一年間の製造高よりはるかに多くの金額が得られたばかりでなく、運搬も楽であった。親方衆たちは、早速、地内子の繭を買集めて製糸場を始めたのである。したがってこの山中には、多くの製糸場ができたが、大正の終りころには、生糸の価格が暴落して製糸場はつぶれてしまい、蚕を飼うものはなくなってしまった。

しかし、自給経済の成立たないこの山中で生きていくためには、どうしても金になる仕事を見つけなければならない。そこで炭焼を始める。そのころにはこの山中にも車道が通じて荷は車で運び出されるようになって、ボッカはなくなった。と同時に、親方が問屋として利潤をむさぼることもむずかしくなった。親方の眼をぬすんで勝手に遠くまで売りにいって、よい利益をあげるものが出てきた。

◉物乞と物売

白山登山口付近の一ノ瀬・赤岩・三ツ谷などを歩いてみると、親方の家は大きく、地内子の家は小さく粗末なので、すぐ親方と子方の区別はつく。そして家の大きさが身分をよくあらわしているのであるが、牛首では親方三軒の大きいことはいうまでもないことながら、地内子の方も大きな家に住んでいるものが少なくない。そして明治の初めころには一家族三十人をこえるものも見られた。家の大きさからのみいえば、地内子の地位が特別に低かったとは思えないが、さて実質的にはその生活は低かった。そして牛首の地内子は別としても、山地に分散して住んでいる地内子たちの生活は、陰惨をきわめているといってもよかった。

山中の炭焼きの生活（「高遠藩探勝絵巻」）

　山地を焼いて焼畑耕作を行なっても、そこから得られる食糧だけでは半年食いつなぐのが精いっぱいで、食物がなくなると地内子たちは椀を持って牛首まで出かけたのである。牛首の親方たちの家ではヒエの粥をたいて飢えた農民にふるまった。しかし山に仕事のある間はよいが、雪が降って仕事ができなくなると、この人たちはいよいよ窮して、山を下って平野地方に出て物乞に歩きはじめる。加賀・越前平野ばかりでなく、遠く京都・大阪方面まで乞食に歩いたものだという。野の村に出て雇われて働けばよさそうなものであるが、そうする者は少なく、ただ家々の門口にたって物を乞うたのは、もともとそのまえに白山の御師《おし》または強力として働いていたころの名残であったかとも考えられる。そのころは、白山信仰者の家をお札配りなどして歩いて金や食物を得ていたに違いない。それが御師や強力をやめてもなお門付の風習だけは残していたのではないかと思われる。

山奥で生活をたてることはまったく容易ではなかった。山中の者が里へ乞食に出る風習は実は白山麓ばかりではなかった。中国地方の山中からも里の方へ乞食に出る風習があった。この山中も生活のたちにくい所であった。土がやせている上に冬が早かった。だから田畑を耕すにしても多くは一年一作であった。そして米をつくってみても三年に一度は収穫皆無のことがあった。それでいてなお山中に住まねばならなかったのは、この山中で砂鉄が採掘され、砂鉄を精錬するために多くの木炭を必要とする。その木炭を焼くために早くから人々が山奥深く住んだもののようである。鉄精錬を行なう親方自身も広い山林を持ち、多くの焼子をおいて炭を焼かせているが、それだけでは足らなくて、小作人以外の百姓にも炭を焼かせた。

米をつくるだけではとうてい生活のたてようのない山中でも、こうした炭焼のもうけがあるということによって、山中にも人が住んだ。しかし炭焼で得られる金もたいしたことはないから、雪が深くて炭焼もろくにできないころには、箕《み》や蓑《みの》をつくり、また篩《ふるい》などもつくって、春さきになると里の村々へ売りに出たのである。なかなか器用につくってあって、里の人には喜ばれたが、だからといって、毎年買ってばかりはいられない。

しかし、売りにくれれば義理にでも買わなければならないとされた。また売る方も、相手はきっと買ってくれるものと信じていた。今日の商法から見ると不合理のようであるが、山人は里人がその製品を買ってくれなければ生活をたてることができないので、ただ品物を買ってもらうというのでなく、助けてもらうような心持があった。だから買うことを拒否するようなことがあると、放火されたり、物をぬすまれたりする場合すらあった。

だが一旦、凶作となると、そうした物売に歩くことすらむずかしくなって、物乞のための放浪を続けることになる。一応自分自身の力で生活をたてている者からは、山中の民はやや軽蔑の眼で見られるとともにまた恐れられもしたのであった。

しかも山間には、白山や中国山中に見られるような村が、いたるところに存在分布していたのであった。

◉贈答と施与

今日ほど文化がすすみ生活がゆたかになってきても、なおあとをたたぬものに押売がある。僅かばかりの品物を持ってきて、生活に困っているから買ってくれという。話をきいていると、いかにももっともらしく思われることがあり、つい高いものを買わされる。時には学生風の男がアルバイトに行商しているのだから買ってくれという。応対する方が男である場合には拒絶してもおとなしく引下るが、相手が女である場合には脅迫するようなことが多い。

実は日本における物売の系譜の中には、こうした仲間が大きな位置を占めていたことを忘れてはならない。さきにのべた山人たちの物売の中に、はっきりそのおもかげを見ることができる。

貧しく暮しているものが、相手から何の理由もなしに物をもらうことは、もともともっとも卑しむべきことと考えられていた。しかし何らか名目のたつものを相手に贈って食物やお金をもらうことは、必ずしも恥とは考えられていなかった。日本には早くからギブ・アンド・テイクの観念が発達し、またそれがわれわれの日常生活をうち立てていたといってもよい。

われわれが神にいろいろのことを祈願する場合にも、必ず何らかの供物を神に奉った。供物を捧げることによって、神は人間の祈願をきくものと信じていた。

同様に、人間同士の間でも物をもらった場合には、お返しするのがあたりまえのことになっていた。そしてそれは等価値のものを返すとはきまっていなかった。そういう意味からすれば、このような行為は、交易というよりは贈答という方が適切であるかと思う。したがって日本における交易は贈答から発達したといってもよかった。だから僅かばかりのものを押売しても、もとは決して不当とは考えなかった。そして貧しい者がそうするのはあたりまえのことであり、富める者はそれを買うべきものであると思っていたのである。

そこで山中の民ばかりでなく、僅かばかりのものを持って家々の前に立って物乞する人間の数はきわめて多かった。品物ばかりでなく、祈禱をしたり、また歌をうたい、芸などして門付して歩く者の数はさらに多く、そうした門付に対して民家では、たいてい少しずつの米麦を与えたのである。佐渡では、門付する者に与える米麦をはかる順礼枡という枡があった。枡というよりは匙《さじ》のようなもので、柄がついており、一合ほど入る大きさのものである。その枡を穀物の中にさしこんで枡に入っただけの穀物を与える。一回に一合といえば僅かのようだが、家によると一年に二俵三俵の施しをすることは少なくなかった。

4　海に生きる

◉魚を追って

自給だけでは生計のたち難かったものは、僻地や山奥の住民のみではなかった。漁民などもその仲間である。漁民の中にはいわゆる半農半漁というのがあるが、その場合には漁民はある一カ所に定住していなければならない。定住しなければ農業は生れない。土地を選んでそこを拓き、種をまき苗を植えてそれを育てなければならぬ。それには早くても三カ月、稲や麦のようなものならば種をおろして刈りとって食べられるようにするには半年以上もかかる。その間は作物から眼をはなすことはできない。

焼畑のように木を伐ってそれを焼払い、そのあとに作物をつくるような粗放な農業ならば、その土地がやせてくればまた新しい土地を求めて木を伐り火をつけて焼くこともそれほど苦にもならなかったであろうが、開墾して作物をつくる場合には、相当の人力をかけねばならず、土がやせたからといって新しい土地をもとめて、また開墾するということは容易でない。そこで開いた耕地をできるだけ痩せさせないように肥料を使うことも工夫して、その耕地を守ることになる。こうして定住が起ってくる。

漁民の中にも、背後に農地として拓きうる土地のある場合は、そこを拓いて作物をつくる工夫をした。したがって、そういうところでは、漁民の定住が見られたが、一般に魚介を追うて生活するものは、定住性にとぼしかった。魚は根付のものを除いては海中をたえず移動回遊したからである。その魚を追うていくと南から北まで、北から南まで、海岸ぞいに移動しなければならないことだってありうる。

そこで一つの例をあげてみよう。瀬戸内海の西部、周防灘に面して沖家室《おきかむろ》という小さい島がある。今は人家二百戸あまりで、しかも老人ばかり多いさびれはてた島であるが、かつては戸数が八百をこえていて、小さい島に人家がひしめきあっていた。この島の人々は一本釣漁で生計をたてていた。

この島は十七世紀の中ごろ、すなわち江戸時代の初めごろまでは、人家も少ないさびしい島で、農業を主にしていた。ところが元禄一一年（一六九八）に、島はおそろしいような鼠の大群におそわれて作物の収穫が皆無になり、危機に瀕した。しかし島の周囲は海であり、海には魚がいる。その魚をとるすべを知らなかったので、藩に願い出て紀州（和歌山県）からイワシ網を雇ってきてイワシをひいてそれを食糧にもし、また売って生計の資にあてて危機を切りぬけたことがあった。

多分、そのころであろう。島民の二、三人が阿波（徳島県）堂ノ浦へ行って一本釣の技法を習ってきた。堂ノ浦は当時、瀬戸内海でも一、二を争う一本釣の漁村であり、早くから釣糸にテグスを使っていた。テグスというのは、シナに産する楓蚕《ふうさん》の体液を処理してつくったもので、生糸を太く丈夫にしたものと思えばよいが、半透明で弾力性があり、たいへん強かったので、はじめはシナから送られてくる薬草の包などをくる紐に用いられていたものを、漁民が釣糸に利用するようになったのである。堂ノ浦の漁民は、最初にこのテグスを利用した漁民のようで、後には釣をしながら瀬戸内海から九州北岸地方までテグスの行商に歩いている。

沖家室の人々も、堂ノ浦の漁民から釣漁を習い、またテグスを買入れて、にわかに活気のある漁民になってきた。というのは、島の南方にセンガイ瀬というすばらしい漁場があったからである。そこではタイ・アジ・サバ・サワラ・ハマチなどがよく釣れた。そこで釣漁が盛んになると他所からもおいおい漁民がやってきて住みつき、さきにものべたように八百戸をこえる漁村にふくれ上ってしまったのである。

ところがセンガイ瀬では年中同一の魚がたくさんいるわけではない。ある一定の漁期にやってきて、やがてどこかへ行ってしまう。たとえばタイは二月三月まではよく釣れるが、それからさきは東の方へ移動する。そこで四月ごろになると燧灘《ひうちなだ》の魚島《うおしま》（愛媛県）あたりへ出かけて釣をする。とれた魚はその場で売らなければならない。そして食うものを買って生活しつつ何日か滞在する。五月半ばになると香川県の塩飽《しあく》諸島付近がタイの釣れ盛りになる。そこでそのあたりでひとしきり釣って、一旦沖家室へもどってくる。そのころには、瀬戸内海から豊予海峡を通って太平洋の方へ出ていくタイも多い。そのタイを追って豊予海峡の南の宇和島付近へ釣りにいく。

そのあたりでタイが釣れなくなるころはちょうど盆まえで、一応郷里へ帰ってきて盆をすます。したがって島の盆はたいへんなにぎわいであった。

盆すぎには、センガイ瀬の付近でハマチがたくさん釣れる。しかし八月は八月とろみといって概して漁の少ないときである。やがて秋祭りがすんで秋風がたってくると、北九州の方へブリ釣りに出かける。これには船団を組んで、五島組・伊万里組・唐津組・呼子組・壱州組・対州組などというのがあって、それぞれの地方へ十隻、二十隻で出ていくのである。そしてそれぞれの出先で正月まで稼いでもどってくる。対馬へ行く組は荒海の往復が辛いので、九月か十月ごろに渡島すると、翌年四月まではそこに滞在した。

◉魚の餌

沖家室という小さい島に八百戸の家が密集して住むことのできたのは、このようにその稼ぎ場が西は九州の五島から東は香川県塩飽諸島まで、実に広範囲にわたっていたためである。そしてそのような移動を毎年定期的にくりかえしているので、私はこれを定期的な回帰性移動と名付けてみた。釣漁の村にはこうした定期的回帰性移動をしているものがきわめて多いのである。そしてそれは決して沖家室漁民が発明したものではなく、魚そのもののやってくる時期が年々一定し、また回遊路がきまっていると、いつどこでどの魚がたくさんとれるかはおのずからきまってくる。そこで、魚の多い時期にそこへ出かけるようになるわけである。

この仲間が、仮に一定の場所へ定住するとしても、そこは生産の場としてよりも、憩いの場としてくつろげるところであった。

こうした仲間は容易に耕地を持つことができないから、とった魚を市場や商人に売り、それによって生活に必要なものを買入れたのである。

一本釣によってとる魚は大きくまた高級魚で値も高いから、収入も比較的多い。が、沖合や荒海に出ていくことも多くて女を同伴することは少なかった。そこで女房子供は基地の漁村で生活していたのであるが、一本釣漁民よりもさらに低い生活をしている者がまたおびただしくいた。

釣漁をするには餌が必要である。餌は釣られる魚よりははるかに小さい海棲動物で、エビ・イカ・ハゼのようなものが多い。いわゆる雑魚《ざこ》である。その雑魚をとる漁民がいた。雑魚は釣ってとるのではなく、小さい網でひくことが多い。雑魚は藻の生えているところに多く棲んでいる。そういうところへ小さい網をかけてひく。船一艘でまず錨を入れ、錨綱に樽をつけておき、その樽に網の綱をつけて、魚のいそうなところを円形にかこむ。そして樽のところへもどってきて、網の両端についている綱をひき、さらに綱に結ばれた網をひきあげていく。

このような雑魚をひく小さい網をテグリといったが、後にはこの網を海中に入れたまま、船を横にして網綱の両端を船の艫《とも》と舳《みよし》に結び、船には帆を張って風の力でゆっくりと網をひいてゆき、しばらく船を流してから帆をおろし、綱をたぐって網をひきあげる方法をとった。これをウタセといった。

このような方法によれば労力は著しく節減できたが、船がくつがえることも少なくなかった。さてとれた雑魚は釣漁師に売ることが多かったから、釣漁の村のそばにはたいていテグリ網の仲間が住んでいた。

魚の餌を多く必要とするのは一本釣よりも延縄《はえなわ》漁の方であった。延縄漁というのは一本の長い幹縄に一定の間隔に枝糸をつけ、枝糸のさきに釣針をつけ、それに餌をさしておいて海の中へ長くはえていく。そして一定の時間そのままにしておいて引上げると、枝糸のさきの釣針に獲物がかかっていることになる。延縄でとるものにはハモ・アナゴ・カレイ・タイなどの底魚が多く、一本釣よりは能率的ではあったが、延縄をはえる適当な場所には限りがあって、どこでも行なえるものではなかった。それに延縄は昔は主として夜間に行なわれたもので、延縄漁村は一本釣漁村より数は少なかった。だが餌はこの方がたくさんいるので、延縄漁村の方に大きなテグリ部落がついていたものである。

◉魚と食物の交換

それにしても、テグリ仲間が釣漁師に売る雑魚の量は知れたもので、極く僅かであり、それを売っただけでは生計はたたぬ。そこでとれた雑魚はどこかへ売らねばならなかった。もともと高級魚は都会の人々の食べるものであったから、高級魚の取引される市場は都会か、都会の近くにあったものである。瀬戸内海だけについてみても、大阪府の堺、大阪の雑喉場《ざこば》、兵庫県の尼ケ崎・兵庫・妻鹿《めが》、岡山県の下津井、広島県の尾道・草津、愛媛県の三津浜、山口県の下関、大分県の別府などが古くからの魚市場のあった所である。一本釣や延縄で釣った魚は出買船がそれを買ってこれらの市場まで運んできた。

農村で高級魚を食べるといえば、正月か祭りくらいのもので、まったく特別の日に限られていて、特別の珍味とされていたのである。瀬戸内海の東部地方には、昔は〝魚島《うおじま》〟という行事があった。春四月から五月へかけては、タイの盛漁期である。そのときは沿岸農村へも魚売がタイを売りにくる。すると農家ではそれぞれタイを買って、吸物・刺身・煮付その他いろいろに料理し、海に遠い村の親戚を招いて御馳走したものであった。別に祭日でもない日に、こうしてうまいタイを食べるための行事が見られたほどタイは珍重されたのであるが、農村では日常のなまぐさものは雑魚ですませた。

雑魚は多くテグリの仲間が売りにきたのであ

大阪の雑喉場（「摂津名所図会」）

る。昭和生れの人たちの印象の中からはすっかり消えているが、明治・大正生れの者ならば、瀬戸内海沿岸の農村で、頭にハンボウという浅いタライをのせて「魚はいらんかなァ」と売り歩いた女の姿を記憶している人は多い。色の黒いがっしりした女たちで、うすよごれた着物を紐で結び、下から腰巻をのぞかせて、足はたいてい裸足であった。

たいてい昼まえにやってくる。よくとおる声で、丘の畑で働いていると、村の中を流していく声が耳についた。だから農家の女たちは時に畑からかけおりてその魚を買ったものである。買うといっても金を払うことはなく、たいていはムギ・サツマイモと交換したのである。だから魚が売りきれるとハンボウはからっぽになるのではなく、ムギ・イモなどが山もりになることがあった。時にはうんとイモ・ムギをもらっておいて、魚を何回かにわけて持ってくることがあった。

こうして百姓たちは安い魚を食べることができたのである。一方、テグリ漁師は雑魚を売ることによって食物を得た。お金を媒介にしないのであるから等価交換というようなことはなく、どちらが損をしているか、また得をしているかわからなかったし、漁師の方がほんとに食うものがないときは、雑魚三びきほど持ってきて、イモ・ムギを

天秤で魚を振売して歩く和歌山県串本の女

たくさんもらっていくこともあった。

「いつかまた魚のとれたとき沢山持って来ますけに」

というのが漁婦の言い分であり、事実、魚のとれたときは沢山持ってきたのである。

テグリ仲間はとれた魚をすぐ食糧にかえなければならないためか、女も船にいっしょに乗っていて、夫婦で働くものが多く、沖にいるときはいっしょに網もひき、また船の中で煮炊きもし、魚がとれると船を浜へつけて農家へ魚を売り歩いたのである。こうした船を瀬戸内海地方ではトトカカ船とも家船ともいっていたが、このような漁船は九州の西海岸地方にももとは少なからずいた。

◉漁村の生産圏

魚を追うて移動したのは、瀬戸内海や北九州の漁師だけでなく、外海でも同様であったが、ただ外海の場合は波が荒くて、夜沖に船をとめて寝るというようなことはむずかしかったから、家船の形態をとることは少なく、妻子は基地の漁村において、男だけが遠くへ出稼漁に行くことが多かった。そしてその行動半径はかなりの広さにおよんでいた。淡路島南岸にある沼島の漁師など、沖家室漁師よりはさらに行動半径が広い。この島は一本釣・延縄・ウタセなどの漁法が見られ、それぞれの仲間はかたまって集落をなして住んでいた。そして一本釣の仲間は春は島の周囲で稼ぎ、初夏のころには、東は紀伊（和歌山県）潮岬付近から西は土佐（高知県）室戸岬のあたりを主要な稼ぎ場とし、また大阪湾・播磨灘にも出漁した。そして秋が来ると対馬へブリ釣に出かけてゆき、正月には塩ブリを船にいっぱい積んで、瀬戸内海沿岸の村々を売りながらもどってきたものだという。

延縄漁の仲間は、西は九州の東岸から、東は伊勢湾までの間を操業している。ハモをとるのが主であった。男だけの出稼であるから、旅先では船宿を借りて世話になったという。

ウタセ仲間の出漁範囲は、せまかったけれども、それでも島外三十里、四十里におよんで出かけて行ったのである。

こうした調子で一つ一つの専業漁村の例をあげていくときりがないから、このあたりで打切るとして、とにかく一つの漁村が漁業専門でそこに成立するためには地先の海だけでなく、広い稼ぎ場を持たねばならないことを忘れてはならない。そしてしかも広い稼ぎ場で稼ぐことのできたのは、その行く先々で、獲物を売って金にしたり、また食物と換えることができるようになっていたからである。

そして漁民は一つの基地を中心にして回帰性移動を試みたばかりでなく、移動移住することも盛んに行なわれた。それは漁船がまだ丸木舟のままで海上往来に多くの危険のあったころで、よい漁場を見つけると、その付近に小屋掛してそこに定住したのである。定住といったところで、そこを動かなかったのではなく、そこを中心にして近くの海を稼いでまわるのである。これは日本の沿岸に分布している海部・海府・アマなどの地名を見てゆけばわかるところで、いずれも古く海人《あま》が住んでいたのである。

つまり一つの漁村が成立し、生活をうちたてていく上には、実に広い生産活動の領域を必要としたもので、それがなければ生活をうちたてることはできなかったし、また生産したものを基地まで持って帰ってさばくのではなく、出先で売りさばくことができたということによって、その生産を維持することができたともいえる。だから漁業だけで生きている村の漁民は実によく方々を歩いている。

粗末な小屋掛の家のある中世の漁村（「一遍上人絵伝」）

それが丸木舟から板付舟になり、板付舟がさらに大型になって帆をまいて走り、やがて発動機をすえて行動するようになってくると、その行動半径はいよいよひろまり、初めは日本の海岸に沿うて漁場のひらかれていたものが、しだいに沖合へも出ていくことになる。そしてついに世界の海全体を稼ぎ場にするようにまで漁業を発展することになる。それは一つには海が無限に近い形で、自分たちの港の眼のまえから続いていたことに原因がある。

5 山に生きる

◉ヒエ作

陸は漁村のようにその生産活動の領域を無限にひろげていくことはできなかった。土地がかぎられていて、獲物ばかりとっているとすぐ獲物が減少して、逆にその人々を窮地に追いこむからである。

海の漁民にあたるものが陸では猟師である。陸も海もりょう師とよばれてきているのは興味ぶかい。そしてその生活のたて方も海の民によく似ていた。ただこの方は獲物が少なくなるにつれて転業せざるをえない運命を持っていた。

もと日本の人口がきわめて稀薄であった時代——明治維新ころまでは、人口は三千万ほどで、しかも長い間増加がとまっていたのであるが、そのころまでは日本にも野獣が多かった。日本全体に多かったのはシカであったが、そのほかではイノシシ・カモシカ・サルが多く東北地方にはクマが多かった。野獣ばかりでなく、鳥類もまた少なくなかった。そうしたものをとり、また植物の実や根などをとって食糧にあてつつ生きてきたのがこの国土の上に最初に住んだ人たちの姿ではなかったかと思われる。いわゆる縄文式文化時代の人々の生活のたて方はほとんどこうしたものであっただろう。そこには交易も少なかった。肉を食べ、植物の実を食べることによって生命をつなぐことはできたし、また周囲の村もほぼ同じようなことをくりかえしていたのだから、塩の入手以外

猟師（「一遍上人絵伝」）

には交易はたいして見られなかったと思われる。

その初め、狩猟と植物採取によって生活をたてていた社会へ農耕技術が入ってくる。おそらくはその初めには焼畑による耕作法がもたらされたものと思われる。それがいつごろのことであったかは明らかでないが、縄文式文化時代には入ってきていたのではなかろうか。もとよりこれは一つの推定にすぎない。

そこで少しその推定について書いてみる。焼畑でつくられているものを見ると、ソバ・ヒエ・アワ・ダイズ・アズキ・ダイコンがもっとも多い。そしてこれらのものは同じ土地に毎年同じものが連作されるのではなく、ソバ・ヒエ・ダイズ・ダイコンというように輪作され、四、五年もつくるとまた山地にかえすのが普通であった。

ところでこの中のヒエ・アワ・ソバは古い時代の五穀の中に入っていない。シナで五穀といわれるのは『礼記月令』によると、ムギ・マメ・コウリャン・アサ・キビのことであった。シナではアサの実も食糧にしたのである。五穀のほかに六穀九穀などの言葉もあるが、それにはイネ・アズキ・コムギ・ウリなども入ってくる。シナではアワもヒエもつくっていたことは事実であるが、それほど尊ばれなかったようである。つまり賤民がたべたものとみられる。『鄭箋』には、「豊年のときには賤者もキビを食べる」とあって、豊年以外のときは賤者はキビを食べることが許されなかった。そして「賤者はヒエを食するのみ」と註がある。

周の時代には少なくもヒエは貧しく賤しい者の食物であり、アワもこれに準じたのではなかろうか。

周という国は北方に立地して畑が広く、畑作を中心にしていた。焼畑はほとんど見られなかったようで、当時シナで田というのは日本の畑のことであり、そこには穀物がうえられ、圃とよばれるところに蔬菜や瓜類がつくられていた。なお低湿地にはイネもつくられはじめていたが、春秋・戦国の時代を経て漢代になると文化の中心が南に移って稲作が盛んになる。

日本もその稲作の影響をうけて水田農耕が盛んになり、弥生式文化の発達を見てくるのであるが、そうした定畑耕作や稲作の行なわれるまえに、焼畑耕作の技術が入ってきたものではないかと思われる。

周の時代、満洲や北朝鮮ではヒエがつくられていた。これは焼畑でつくられたものではなかったかと思われる。朝鮮では焼畑を火田といっている。

◉焼畑

火田は朝鮮半島の山地全体に行なわれていたものであり、それが山地を荒れさせてしまって、ひどい禿山にしたのである。そしてそのことが、しだいに火田を終焉にみちびいたといわれているが、山地が広く、人口の少ない北朝鮮には、後々まで多数の純火田民が存在していた。そして昭和一四年ごろにも、現在の北朝鮮地区に、およそ七万人の火田民が残っていたと推定されている。火田民は実に古くから山地を流浪しつつ火田を行なっていたのであるが、中には洪水・飢饉などの災害をうけて生計のたたなくなった者が新たに火田を始めるものもあって、すべての火田民が古い伝統を持っているとは思われず、かなりはげしい交代が見られた。したがって火田でつくる作物にも変化が見られたと思うが、それでもなお日本の焼畑に見られる作物と共通するものが多い。朝鮮の火田でつくられていたものは、ヒエ・ソバ・アワ・ダイズ・アズキ・オオムギ・エンバク・トウモロコシ・キビ・ジャガイモ・エンドウ・アマ・野菜などであった。これらの中には新しく火田でつくるようになったもののもあると見られるが、ヒエ・ソバ・アワ・ダイズ・アズキなどは日本の焼畑で主としてつくられているものである。

しかも火田を行なうものは陸田を持たぬもっとも貧しい仲間である。そうした火田で、主としてヒエ・アワがつくられていたということが、「ヒエは賤者の食物である」という観念を植えつけたものではないかと思う。そしてこのヒエは焼畑耕作技術とともに日本海をめぐる朝鮮および日本・沿海州の山地にひろがっていたのではなかろうか。

ただ日本では、早くから焼畑のみを行なう農民は減少し、定畑や水田を少しずつ耕作するようになっていた。したがって、一定の土地に定住し、家宅のまわりの畑仕事が終ると、山中に入って焼畑をつくるものが多かった。家のまわりの畑には、ムギやコンニャクイモなどをつくり、ムギの取入と同時に焼畑でヒエ・アワ・ソバなどをまく。そしてその収穫が終ると里へ帰って定畑にムギまきをはじめるのが普通であった。

ところが朝鮮の純火田民は、定畑を持たず、火田耕作にのみたよっていたので、彼らは一定の場所に定住することが少なく、新しい土地をもとめて移動していったのである。

このような現象は、古代から中世ころまでの日本の山地にも見られたのではなかっただろうか。しかもそれは焼畑だけで生計をたてたのではなく、ある者は狩猟を行ない、ある者は木地屋など営みつつ、平野地方には水田農耕技術が発達して住民の大半が定住するようになっても、なお古い生活を守って移動を続けていたと見られるのである。

◉マタギと木地屋

植物採取から焼畑農耕への前進と、木地挽《きじひき》・狩猟などの結びつきは、狩猟採取経済から一歩出たにすぎないが、未開拓の山野が眼のまえにひろがる限り、もっとも容易にとられる生活のたて方であったということができる。そしてその農法が素朴そのものであるだけに、生産力もきわめて低く、一反当りの収量が一石に達する作物はほとんどなく、そのうえ旱天が続けば、灌漑など思いもよらぬことであったので、凶作におそわれることが多かった。だからその年つくった穀物が、もう年の暮までしかなくて、年があけると食うに困ることが起ってくる。白山乞食はこうして発生したものであろうが、朝鮮でも食うもののなくなった民は山地をまよい出て、野の農家に食をもとめて歩いた。これを春窮民といったが、野の農民もまた食糧に困りはてていたのである。

ただ日本の山民の場合は、焼畑耕作のほかに、狩猟・木地物製作などによる別途の収入があって朝鮮の山民よりは少しはゆとりがあった。とくに熊狩を行なえば、熊の胆をとることができ、これはきわめて高価に売れた。

しかし、人口がふえ、また十六世紀半ばに鉄砲が伝来してから狩猟技術が発達して以来、野獣はしだいに減りはじめた。すると狩猟だけでは生活がたたなくなり、狩猟を中心にした集団は、しだいに解体し、定住して農耕を主とするようになる。

東北地方のマタギの村は、どこでも同じように定畑のほかに焼畑を行なっている。いっぽう、狩猟集団を解体した所では、野獣が畑作を荒して困っているような村へ雇われて野獣を追うことによって生計をたてるようになったものと思われる。こうして山間の村には、どこへ行っても、一人か二人の狩人がいたもので、冬になると鉄砲を持って山に入り、イノシシ・シカ・クマなどを狩り歩いた。これらの狩人の中には、狩に関する巻物や狩猟の秘伝書など持ち伝えているものが多かったから、狩人は武士であったものが転業したというよりは、古い狩猟集団仲間の者が百姓村の中へ入りこんできたと見られるのである。

こうした狩人たちが、集団をといて分散し、農民の中へ埋もれていくことによって、田畑の作物は守られ、農耕がぐんぐんのびてきた。そして山間にもしだいに平野地方の高次な農耕文化が浸透してくることになる。

したがって、狩猟者はその初めは漁撈者とたいへん近い生活のたて方をしていたのであるが、時代が下り、狩猟技術が進むにつれて獲物が減少し、狩人自体は自分で自分の首をしめるような結果になってしまった。

木地屋は、今はこけし人形など作って、わずかに残っている（秋田県大阿仁）

木地屋の方は狩人にくらべれば、その活動がさらに長く続けられてきたといっていい。この方は木地の材料である木材がいくらでもあったから、材料に困ることは少なかった。そして狩猟とちがって、自分の生産したものはすべて売らなければならなかった。しかも木地物を直接農民に売ることは少なかった。素材をロクロにかけて椀や皿をつくるとして、できあがったものは素木のままで半製品であり、これを漆屋にわたして漆器にしなければならぬ。つまり木地物はほとんど問屋にわたされるのであるから、農民と直接取引して食物と木地物を交換するようなことはなかった。したがって、木地屋は一般民衆の眼につかぬところにいがちであった。それで木地屋は食糧だけは何とか自給するように工夫した。このことは木地屋の発祥地といわれている近江湖東の山中を歩いてみるとよくわかる。かつて木地屋の住んでいた所には、ほとんど畑という地名がついている。彼らが木地物をつくるかたわら、焼畑を耕作したものであることを物語る。

白山麓の鍬棒つくりの村も、一種の木地屋部落ということができる。鍬棒をつくるのだからロクロを用いることはないが鍬棒もまた木地のうちである。そのほか曲物《まげもの》桶をつくったり、杓子をつくったりする仲間も木地屋であると見ていいのではなかろうか。そして一方では焼畑づくりを行ないつつ、よい材料をもとめて山中を放浪して歩いたのである。

木地屋が近江を出て全国へ散っていったことについての調査は、橋本鉄男氏によってすすめられ、その分布がいかに広いかについて驚かされるのであるが、同時に明治初年までは木地物の需要がいかに大きかったかを知ることができる。

◉サンカ・山伏

山中には狩人・木地屋などのほかに、放浪をつづけていた仲間がいくつもあった。サンカなどもその一つと思われる。これは主として川魚をとっている。マタギもまた川魚をとっているから、マタギの分派と見られないこともないが、川魚のほかに箕をつくり籠をつくり、篩をつくることなどに巧みで、この方は里まで出て来て農家と取引している。「物乞と物売」の項でのべた山間の箕作りの部落など、もとはマタギかサンカではなかっただろうか。それについては今日までまだ十分につきとめていないのである。

山伏なども信仰を主にして山から山をわたり歩いているが、山伏で生活のたつようになったのは新しく、古くはやはり木地屋や狩猟などを、かたわら行なっていたのではなかっただろうか。奈良県大峯山の西麓にある天ノ川の御師《おし》（神人）たちは、昔から曲物桶をつくることが巧みであり、また矢にする竹を伐って平野地方に売り出していた。

山伏はみずから山にのぼって修行するばかりでなく、山にのぼる民衆の道案内などもしたもので、長い間にはおのずから民衆との間に師檀関係を生じ、冬になって山にのぼらないときは、檀家を歩いて札をくばり金銭や食糧を得て帰り、それを一年間の生計の資にしたのである。したがって、山伏や御師たちにとって、檀家は大切なものであり、一つの財産となっていた。だから生活に困ったり、または山伏や御師をやめるときには、その檀那場を売ったものである。檀那場を東北地方では霞《かすみ》といっている。一種の縄張りのようなものであった。

山伏の中には、荷持ちを副業とする者も少なからずいた。山形県月山《がっさん》を中心とする山伏のうち、湯殿山《ゆどのさん》と本道寺の山伏たちは、村山盆地と庄内平野の間によこたわる山脈を越えて荷持ちをするものが多かった。同様に九州の英彦山《ひこさん》の山伏なども、荷持ちを渡世の一つにしていた。

日本には峠が多かった。どこへいくにも峠を越えなければならなかった。ところが峠

中世の大峯山の山伏たち（「西行物語絵巻」）

を越える谷筋には、申しあわせたように寺や神社がまつられていて、そこに何人かの僧侶や神人が住んでいたものである。

たとえば大阪平野から四方に通ずる道を見ると、南部の和歌山県に越える道は紀見《きみ》峠（小峯寺）・中ノ谷峠（岩湧寺）・蔵王《ざおう》峠（光滝寺）・鍋谷峠・粉《こ》河《かわ》峠（七宝滝寺）・童子《わらず》畑《ばた》越え（金熊寺）・山中越え・孝子《きょうし》越え・加太越え（興善寺）の九道があるが、その七つまでは古い寺が峠の下にある。

また東の大和へ越える道は千早峠（観心寺）・水越峠（水分《みくまり》神社）・平石峠（高貴寺）・竹之内峠（磯長寺）・峠越え（国分寺）・恩智越え（信貴山朝護孫子寺）・十三峠・暗《くらがり》峠（牧岡神社）・田原越え（経寺）・清滝越え（滝

寺）などがある。いずれも古い社寺であって、そこには寺座・宮座があり、そこに住む者は峠越えの荷持ちをしたり、時には警護の役目もしていたようである。つまり単純な農村ではなかった。

このような現象は他の地方にも見られたのである。今日、山中の村で神事芸能を伝えている村はきわめて多いが、これは山中だから古いことが残っているというだけではなく、そこに神事芸能を行なうような人々が住んでいたということになる。

中には落人同様に他からやってきて住みついた者もあるであろうが、ただそれだけではなかった。山間の道を専門に往来し、山の両側の文化交流につくしていた人たちも少なくなかったのである。

静岡県の天竜川をさかのぼって水窪《みさくぼ》という所から青崩《あおくずれ》峠を越えて長野県遠山《とおやま》に入り、さらに大河原・鹿塩《かしお》を経て諏訪湖のほとりにいたる道なども、早く山岳信仰者のひらいた道ではなかったかと思う。この谷筋には多くの神事芸能が残り、また南北朝のころには北条時行がかくれたり、宗良《むねなが》親王が戦略の根拠地にしているのは山奥でありながら行動に機動性が持てたためと思われる。というのは、この谷々に住んでいた人たち自身が機動性を持っていて、これらの武将をたすけたためであろう。北条時行は北条高時の子で、北条氏滅亡の後、大河原にひそんで勢力恢復につとめ、建武二年（一三三五）には鎌倉に討って出て、ここを占領している。間もなく足利尊氏に追われて、再び山中に退いて勢力を恢復し、宗良親王に仕えてその輩下となり、正平七年（一三五二）の小手指原の合戦まで各地に転戦し、戦果をあげていたが、この戦に敗れ、捕えられて、翌年、鎌倉竜《たつ》ノ口で首を斬られている。

宗良親王はそのころ、大河原に居所を定めて宮方の勢力恢復につとめている。本来なら落人の住むようなところを作戦の基地にしていたことは、そこが山中にありつつ交通上重要な地点であり、人の往来も少なくなかったことを物語っている。

◉塩の役割

さて山中の村と海岸の村は、一見縁遠いように見えるが、両者は密接に結ばれていた。両者を結んだのは塩であった。塩がなければ生きてゆくことができない。そして海岸地方から塩を持ってやってくる者に対して、塩の代償として何かを相手に与えなければならなかった。それは山でとれるいろいろのものであっただろう。

海水を汲む人、薪を運ぶ人、塩田を掻きならす人、釜で海水を煮る人が描かれている塩焼き（「文正草子」）

交易を行なわないで塩を手に入れようとすれば内陸民が海岸まで出て、海水を煮つめて塩をつくるよりほかに方法はなかった。事実、そのような製塩が東北地方には明治の中ごろまで見られたのである。牛馬に薪を積んで山から下って来て、海岸に小屋掛して、釜屋で塩を煮つめ、それを俵に入れてまた山奥へかえっていく。

大きな川が山奥深く入りこんでいるようなところでは、木を伐ってそれを川に流し、下流の者に供給して塩をやいてもらうことも多かった。

そういうこともむずかしく、海岸へ出て塩焼きをすることも困難な地方へは、海岸地方の者が牛馬に塩をつけて運んだものである。たとえば岩手県北上川流域や秋田県鹿角《かづの》盆地の方へは、太平洋岸でつくった塩を牛馬につけて運んでいったものである。一ハヅナというのは牛馬七頭のことで、この地方は牛が多かったから、牛に二俵ずつつけて七頭で十四俵になるわけで、三陸の海岸から山をこえて北上川流域まで売りにくる。よい声で牛方節をうたってくるので、塩売であることはすぐわかる。そして村の中へ入ると大きな声で、

「塩ッコとヒエッコととりかえねか」

といったものだという。塩のほしい家はその声をきくと走り出て塩を買った。塩は俵につめてあって、普通二斗入であったが、大俵というのは四斗入であった。しかし正しく四斗入っているものはなく、たいてい三斗二、三升程度であった。その塩一俵と、ヒエを二俵ととりかえるのが普通であった。金で売買することはほとんどなかった。牛方はそのヒエを牛の背につけて親方のところへもどってくる。三陸の海岸は食糧の乏しい所

であったから、牛方のとりかえて来たヒエで生活をたてたのである。したがって三陸地方で塩の取扱をする問屋は、すべて穀物問屋であった。塩問屋は塩ばかりでなく塩魚やワカメなども山中へ持っていったのである。

話がすこし脱線したようであるが、東北地方に限らず、塩売は各地にいて、塩を山中へ売りにいったばかりでなく、山中からも買いに出たのである。とくに山中で生活する者のうち、移動をこととするものは売りにくる塩を待つことはむずかしかったから、里の塩売の家まで買いにいったのであった。山間の宿場などには必ずといってよいほど塩を売る家があり、海岸からそこまで塩をのぼせておいた。塩尻という地名は、海岸から塩をのぼす最後の地点を意味する言葉であった。そうした塩によって山中でも生活をたてることができた。

6　旅のにない手

◉金売吉次

地域的な例をあげながら、極くおおざっぱな見方をしてきたのであるが、それをまとめてみると、日本の中には比較的自給度の高い生活を営んでいる温暖多湿な地帯の住民と、どうしても交易を主にしなければならない寒冷地帯・山間・海岸居住民の二つになる。そして、交易を必要とする生活者の生活の方が一般に低くて、単なる交易というよりも、物乞的な色彩を持つことが多かったといってみたかったのである。

そして社会全般の交易のための輸送や仲介の役割を果すようになったのは、主として交易を必要とした地域に生きた人々ではなかったかと思う。この人たちは自分の家を中心にしたせまい生活領域の中だけでは生活ができない。どうしても遠くまで稼ぎにいくか、あるいは自分の生活領域以外の人と交易をしなければならなかった。そして市場が遠ければ遠いほど長い旅もしなければならなかった。

東北地方の北上山地や下北半島などは、古くから鉄の産地であった。砂鉄をとってそれを精錬して銑鉄をつくり、また鍛鉄をつくる。ところがその市場は遠く関東や中部地方が主になる。さらに以前は京都地方であった。『義経記《ぎけいき》』を読むと、父を討たれて鞍馬寺へあずけられた牛若丸が、源氏をもう一度再興したいと考えて、平家の眼の届かないところへ身をかくそうとし、その導きをしたのが金売吉次《かねうりきちじ》ということになっている。金売吉次は奥州と京都との間を往来して、金売を商売にしていた。金売の金はキンであったか、鉄であったかは明らかでないが、あるいはその両方であったことも考えられる。牛馬の背に金属類をつけて、奥州のはてから幾山河を越えて京都まで売りにくるのは、たいへんな労苦であったが、その交易のために道はおのずからひらけていた。しかも奥羽地方は僻陬の地ではあったけれども、鉄を出し、金を出し、また良馬を産した。それらは都の人にとって得がたい宝であった。だから奥羽は遠くはなれてはいても、都の人の印象には強かった。平泉を中心にした藤原三代の文化のあとを見ても、中尊寺・毛越寺など都の文化をそのまま移植したものといってよく、また都の文化を受入れるほどの財力を藤原氏は持っていたことを物語る。しかもこの文化をここに持ちこむためには、平泉と都の間をどれほど多くの人が往来したであろうか。またここに燦然とした文化をとり入れるために、どれほど多くの財宝を都に運んだであろうか。その運ばれた財宝が何であっただろうか。少なくも、その一つに金売吉次のような人物のはたした役割のあったことを見のがすことはできない。

そしてそのような交易のルートが、後には伊勢参宮や京参りのために利用されることになるのであろうが、政治・経済・文化の中心が江戸へ移って後は、そのルートによる物資輸送は中部地方で大体止りになる。

◉奥羽の牛方

私はかつて北上山中の遠野《とおの》の在で、年老いた牛方《うしかた》から興味ある話をきいたことがある。この牛方は、若いころ北上山中の鉄を信濃川流域あたりまで運んでいたという。親方からたのまれて、一ハヅナ五頭から七頭の牛に鉄のクズを俵に入れたものをつけて出かける。その出かける時期は春が多かった。これは若草が茂っているからで、道ばたの草をくわせれば牛宿で餌をそれほどやらなくてもすむ。郷里を出て北上川流域に出、一ノ関から奥羽山脈の東麓を南下して陸前（宮城県）に入って峠を越えて羽前（山形県）へ出る。途中牛宿があればそこに泊ることもあったが、たいていは野宿した。山中で適当なところを見つけると、石をひろって四方に投げ、「これだけの土地を一晩貸して下され」と山の神にたのむと、山の神はいろいろの災厄から守ってくれると信じられていた。また牛の角は魔よけになるとも信じられている。

野宿しても寒いものではなかった。牛はたいてい地面に横になって寝る。その牛にもたれかかって寝れば、風邪をひくようなこともなかった。

さて山形から米沢へ出、そこから越後（新潟県）へ越えて、こんどは信濃川に沿うてさかのぼる。そして三条（新潟県）のあたりで鉄を売ってしまうこともあれば、信濃（長野県）の飯山あたりまで持っていくこともある。

鉄を売ると同時に牛も売った。荷をつけない牛を奥州までひいて帰るのはたいへんめんどうだったからである。したがって信濃川の流域には南部牛がきわめて多く、この地方ではその牛を使って海岸地方から山中へ塩を運んだといわれている。

さて牛方は鉄を売り、牛を売った金を持って故郷へ帰っていく。早くて一カ月、時には二カ月もかかることがあり、一年に二回か三回もやってくることができればたいへんな上出来で、時には一年に一回の旅しかできぬこともあった。出かけるときは何人もいっしょで、にぎやかであったが、途中で分れ分れになり、帰るときはいつも一人であった。金だけ持って荷も何も持たぬ一人旅なので、つい気楽になり、途中で女郎など買って楽しんでくることが多く、歌も習い覚えて、村へ帰ればまた村の娘たちには憧れの的になったものであるという。

牛方の中にはこうしたコースをとるものもあれば、仙台から真直に南下して関東平野にやってくるものもあった。そして信濃地方と同様に、牛を売って帰ったのである。したがって、関東平野にも南部牛が多かった。南部牛は体格も大きくガッシリしていて、荷物輸送にはもっとも適していたのである。

鉄ばかりでなく、山形県村山地方の青麻《あおそ》も同様に牛の背につけられて越後三条・小千谷方面に運ばれて、縮《ちぢみ》に織られたのであった。こうして金売吉次の伝統は、洋鉄が日本の隅々へゆきわたる日まで続き、守られていたのである。

◉馬の牧

関東・東北地方から都へもたらされたものの中には、鉄や金のほかに、馬や絹などがあった。中部・関東は原野が広く、その原野が牧場として利用されている所が多かった。放牧といっても野生に近かったもので、馬は野に年中放たれており、そこで子を生み育っていった。その子馬を一年の一定の時期にとってきて飼いならし、農耕馬として、駄馬として、また乗馬として用いたのである。

今、福島県相馬《そうま》市で夏季に行なわれている野馬追《のまおい》という行事は、甲冑をつけ旗差物を持った若者たちが馬に乗って原野をかけまわり、昔の合戦のさまを演ずるので知られているが、もともとは野馬をとる行事であった。そしてそのような行事は、古い牧場のある所なら、必ずといってよいほど見られたもので、今も宮崎県都井《とい》岬では古風な野馬とりが行なわれている。

昔はそうして野馬をとってくると飼いならして乗りこなせるようにし、その馬を売って歩いたものだが、平安時代にはその一部が朝廷に献上されたものである。記録によると、貞観六年（八六四）から康平七年（一〇六四）までの二百年の間に、信濃からは四十五回、武蔵からは三十五回、甲斐からは二十八回、上野からは十八回献上されている。そして信濃からだけでも五百頭が献上されたのであった。

これらの馬は初めは定期的にキチンとおさめられたが、後にはしだいにルーズになり、数も整わなくなっている。が、とにかく京都の町で使用されるものはほとんど東国から引いてこられた馬であった。それらの馬のうち、信濃の望月の牧《まき》から出る馬が有名で、たびたび歌にも詠まれている。紀貫之の歌にも、

逢坂の関の清水に影見えて今や引くらん望月の駒

というのがある。望月の駒が京都へつくのは八月十四日であったから、信濃を出るのはその半月あまり前、たいてい七月の終りころであった。そして京都が近くなると、使を出して駒到着の日を知らせた。すると京都の左馬寮《さまのりょう》では出迎えの使者をたてて逢坂の関まで行った。馬は全くの裸馬で、鞍一つおくではなく、馬をつれた人は馬とともに歩いてくる。いずれも荒馬である。それを乗馬の巧みな左馬寮の役人は鞍をおいて京都まで乗ってくる者もあった。

こうして十五日、すなわち名月の日に、馬は京都に到着し、御所の中へ引入れられる。すると天皇が南殿に出て馬を御覧になる。庭上、馬を三回ほど引きまわし、その後、馬

相馬の野馬追

を引いている者が乗り回してお目にかける。その儀式がすむと、左・右馬寮が必要とする馬をとり、残りを親王以下に分け与えた。

この行事は朝廷の威光のおとろえるにつれて衰え、平安時代の終りころには止んでしまっていた。しかし中部・関東の草原で馬の放牧が止んだわけではなく、したがって馬は牧場で年々ふえていったもので、その馬は農民にひかれて京都へのぼり、そこで売り捌かれたのである。

源頼朝によって幕府が鎌倉に開かれるにおよんで、馬は鎌倉へ多く集るようになる。と同時に、東北地方にも牧場がおおいにひらかれることになる。そして尾駮《おぶち》の牧の馬はすでに鎌倉時代に鎌倉でその名を知られていた。また話は江戸時代になるが、青森県小河原沼のほとりの木崎の牧のごときは、野馬八千といわれいかに大きな牧であったかがうかがわれるとともに、野馬をとって売ることがこの地方の住民にとっていかに大きな利益になったかを想像することができる。

産地から需要地へ追われていく馬に荷をつけて運ぶことは、十分考えられるのである。街道が発達して駅馬《えきば》や伝馬《てんま》の制度の確立している所では、馬は宿場と宿場の間を往来して人を乗せたり荷つぎをしたりしておればよいが、そうでない所では、荷をつけた馬が何十里というほど旅をつづける通し馬がいたるところに見られたもので、長野県に見られた中馬《ちゅうま》の制度もその一つで、多くの馬が飯田を中心にして海岸地方の豊橋・岡崎方面へ通っていたのである。そしてそれが大正の初めころまでは、まだ見かけられた風景でもあった。

◉牛の牧

馬に限らず、牛の場合も産地と需要地に距離のあるところが多かった。だいたい、東日本は馬が多く、西日本は牛が多かった。ただ東北の隅の青森東部・岩手に牛の多かったのは、どうしたことであったか、早くから牛が飼われ、塩や鉄などの輸送に使われていたわけだが、西日本では九州南部、四国の高知・徳島を除いては、全般的に牛が多かった。そして平安時代すなわち十〜十二世紀にかけて、京都で使用された車はすべて牛にひかせているのである。なぜ馬を利用しないで牛を利用したかということになるが、当時の日本馬はきわめて小さかった。乗馬・駄馬として利用はできても、輓馬《ばんば》としては適しなかった。だから農耕にあたっても、馬にマンガ（馬鍬）をつけて代掻《しろかき》をすることはあっても、犁《すき》をつけて土を耕起することは少なかった。

それに比して牛の体格は昔からたくましいものが多かった。『駿牛絵詞』や『国牛十図』の記事を見ると、馬にくらべて牛の方がはるかに荒々しかったようであり、とくに肥前（長崎県）の御厨《みくりや》牛などは、その名を知られていた。肥前の御厨というのは今の松浦地方のことで、今日松浦市の中に御厨という町が残っている。この地方は牛の名産地であったが、その牧場は岬角や沖の島々が利用されていた。

このあたりの島は、一般に背が低く平らなものが多い。したがって牧場として利用するには適していた。そういう島で風雨にさらされながら成長してきたのである。その牛をとってきて、農耕に使ったり、荷を運んだりしたもので、買い手がくれば売りもした。それらの牛がどのような経路で京都・大阪まで送られたかについては明らかでないが、多分船による輸送が多かったのではないかと思われる。

とにかく御厨の牛は京都へ連れてこられて牛車をひくのに利用されたものである。

中国地方の山中も牛が多かった。そこでも山地の牧場に放牧するものが多かった。広島県や岡山県の山中を歩いてみると、田や畑の周囲、または村の周囲に柵をした所が少なくない。これはそれ以外の所に牛を放牧していたためで、牛は山地を群をなしつつ移動して餌をあさり成長したのである。そして農繁期には牧場から連れてもどって、農耕に使用し、また冬がくるとそれぞれの家の駄屋で舎飼したのである。家々の牛がいっし

信州善光寺の中の牛の放牧場（「西行物語絵巻」）

ょに放牧されているので、どこの牛であるかを見分けるために耳に切込みをつけて目じるしにしていた。これを耳じるしといった。

戦前この山中を旅行していて縄を肩にした若い男といっしょになったことがある。山へ牛を連れにいくのだといっていた。牛はどこにいるのかと聞いたら、どこかわからぬがほぼ見当はついていると話していた。そのようにして必要があれば連れに行くこともできるのである。

さて牛が駄屋で飼われているとき、博《ばく》労《ろう》がやってきて牛の取引をする。博労には縄張があって、どの家の牛は誰が取扱うというのがきまっていた。その牛を引いて市の日には市場へやってくる。岡山県高梁《たかはし》や広島県久井《くい》の市はすでに十四世紀ごろには行なわれていただろうといわ

代掻をする牛（「大山寺縁起」）

れる古い市であるが、広い牛つなぎ場があって、そこに何百頭という牛が集り取引が行なわれた。日ごろはひっそりしている町も、市の立っている間はたいへんな賑わいで、店屋が並び、小屋掛して芝居も行なわれたという。

そこで買いとられた牛は、方々へ連れていかれる。昔は上方へひいていくものが多かった。何十頭という牛を博労たち二、三人で追うていく。その牛が盗んだ牛でない証拠に、必ず菰を一枚背にかけた。これを商売菰といった。もともとはその牛の背に荷をつけた名残ではないかと思う。すなわち東北地方の牛と同じように、売りにゆく牛に荷を運ばせたものではないかと思う。

今はもう見かけられなくなったが、昭和二〇年以前には、何十頭という牛をつれた博労たちを神戸や大阪などに通ずる途上に見かけたものであった。私は大阪から和歌山へ通ずる紀州街道のほとりに住んでいたが、農繁期前になると、毎日といっていいほど牛の群が和歌山から大阪の方へ通っていったのをおぼえている。多分は大阪平野の村々に売られたものであろう。牛が貨車やトラックで輸送されるようになって、この風景は消えた。

とにかく牛も馬も不便な、そして人煙のまれな所で多く飼われた。昔はそこが野獣の遊び場だった所である。そういう世界が人間の世界にくり入れられていく一つの手段として、牧場として利用されたのである。

ところが牛馬を必要とするのは、平野地方の農耕の盛んな所か、または武士や公家の仲間であったから、生産地と需要地の間にかなりの距離があった。幸いにして牛馬は自ら歩いてくれたし、荷も運んでくれた。だから僻遠の地で生産されても、それを需要地へ連れてくるのにそれほど苦にならなかった上に、地方の物資が中央へもたらされる機縁もつくった。だから地方の文化を中央へもたらしやすかったのであるが、牛馬は中央まで持ってくるとそこで売られるのであるから、まったく片道交通で、中央の文化が地方へひろがるには別の方法によらなければならなかった。

そのことは岩手県平泉の文化を見ればよくわかるのである。平泉の文化は京都文化を直輸入したものとして、まったくすばらしい。しかしその周囲には少しもおよんでいない。そこにはいかにも東北らしい農家が散在し、人々は貧しくいそがしく働いていて、両者の間にどんな関連があったかを見出すのに苦しむのである。同様のことは西日本でもいえることであった。日本における地方が、いつも貧しく、たちおくれた形で今日にいたったのも、この牛馬の移動に似た文化伝播の仕方が全般に見られたのではないかと思っている。

◉牛の貸借

さて牛馬の問題にもう少しふれてのべてみたい。

大和は昔から神の国・仏の国として神聖視されていた。そしてそこには東大寺や興福寺・春日神社などの社寺領が広かった。そのため大和の国では戦はできるだけ避けてきた。よほどのことがなければ、戦争はしなかった。そのおかげで法隆寺や薬師寺・唐招提寺のような古い寺が今日まで残ったのである。

そういう国であるから殺生もかたく禁じられていた。そこで牛馬のごときもおおっぴらには売買できなかったそうである。だからこの国には牛市がなかった。いつごろからそうなったか、まだくわしく調べていないが、少なくも江戸時代には牛市は見られなかったようである。しかし大和に牛はたくさんいた。その牛は大阪と大和平野の南部をつなぐ竹之内峠の西側の上の太子、すなわち磯長寺のある所の市で買ってきたものが多かったという。

昔の上の太子の牛市はたいへんな人出ならぬ牛出であったという。但馬（兵庫県）・因幡（鳥取県）の博労たちが牛をひいてこの市までやってきて、道は人と牛で満ちあふれた。その牛を大和の人たちが買いにくる。そして山を越えて大和へひいて帰るのである。時には、この牛の背に塩をつけて来たこともあったという。大正時代には、もう余程さびれはてていたといい、当時のことを記憶するものは、しだいに減っていると思うが、もう少し古い事情を明らかにしておきたいものであると思う。

このような例はあまり数多くないと思われるが、牛馬を貸借する風習は各地に見られるのである。大和地方もまた盛んであった。大和平野はまったくの平坦地で、一面の水田であり、山地も原野もない。したがって、牛馬を飼うには飼料が十分でないので不便であった。そこで草の多い山中《さんちゅう》へ預ける風が古くからあった。山中というのは大和平野の東にある丘陵台地で、地理学的には笠置《かさぎ》高原という。そこには山もあり草刈場も広い。そこで平野の農家は秋の取入と麦田の鋤起しがすむと山中へ預けるのである。山中ではそれから田植時期まで預かる。そして自分の家の田畑の鋤起しに使う。春田を起し田植をすますと、牛を追うて里へ下って持主の所へ追うていく。この場合、預ける方は預け賃は出さない。このような制度は大阪府の河内地方と大和西部の山地との間にも見られた。

ところが、山中の方の者が牛馬を持っていて平野地方へ貸しつける風習も見られる。大和平野と山中の間にもそれがある。しかし大和平野の場合は、平野の者が山中へ貸す制度の方が古く山中の者が平野の方へ貸すようになったのは新しいそうである。

山中の者が平野地方へ牛馬を貸す風習の盛んだったのは、徳島県と香川県であった。

安永6年に始まったといわれる唐津大渡り河原の牛馬市（「肥前国物産図考」）

香川県の讃岐平野は大和平野と同じく、すっかり開きつくされて、牛馬を飼う余地はいたって少ない。そこで徳島県から牛を借りた。徳島県の吉野川中流地方は山地が広いので、どこの家でも多くの牛を飼っていた。その牛を田植の始まる前に日をきめて、阿波と讃岐の国境の峠の上まで引いていく。すると香川の方から牛を借りたい人たちが沢山やってきていて、峠の上で取引する。話がきまると香川の百姓たちは牛をひいて帰る。仕付けがすんで牛がいらなくなると、牛の借賃としての米を牛の背につけて峠の上までひいていくと持主がきていて牛と貸賃をもらって帰っていく。貸賃は人夫賃の二倍にあたっていた。すなわち、一日が四升から五升であった。この牛をカリコ牛といっている。秋の田起しのときにもカリコ牛の貸借が見られた。そして阿波から借りるばかりでなく、高松の沖の男木島や女木島からも借りてきたものである。

島には牛を飼う余地のあるものが少なくなかった。

高知県の東部山中も、牛を高知平野に貸す風習が古くからあった。この山中は産物の乏しい所で、もとはその生活はいたってみじめであったが、山地が広いので、牛を飼うことができ、その牛を貸して米を手に入れた。そして米を食うことができたのである。平野の村では牛の借賃のほかに山中ではめずらしい塩魚などを牛の角にかけてやることがあり、これをツノミヤゲといったという。

◉鞍下牛と能登馬

中国山中の牛も大阪・大和方面へひいていって売ったばかりでなく平野の村へ貸す慣習は古くからあった。そのもっとも盛んであったのは出雲地方であった。山中の村々で飼った牛を、農繁期になると平野の村へ追うていって貸し、貸賃をとった。この貸賃を鞍下料といい、この牛のことを鞍下牛といった。鞍下の名は出雲だけでなく、中国山中には広く見られ、東は兵庫県にまでおよんでおり、中国山中ではきわめてありふれた慣習だったことを知るのである。

中国山中で牛をたくさん飼ったのは、砂鉄精錬が盛んに行なわれたためであるといわれている。砂鉄を運んだり、砂鉄を精錬するために、たくさんの木炭を必要とし、その木炭を運ぶのにまた多数の牛を使役した。後には馬も使役されるようになるけれども、牛はこの山中に生きる者に欠くべからざるものであった。

ところが山奥の村と里の村では、里の村の方が一般に暮しは楽で、財政的にもゆとりがあったので、大和地方と同じように平野の村の者が牛を買って山中の村へ預けることも行なわれた。そしてその牛をまた牛のいない農家へ貸すことも盛んに行なわれたのである。牛を預かっている家で牛の子が生れると、その子は預っている方のものになるので、飼いわけといっていた。子牛がそのまま預り主のものになる場合もあれば、預けた方と山分けにすることもあり、土地により家により一定していなかったが、それは牛を預ける期間や、鞍下料――つまり労役のために貸した賃料を牛の持主と預り主がどのように分配するかによっても違ったのである。とにかく、たいへん複雑なものになっていったのは、牛を持つ者と持たない者が入りまじり、また牛を預る者と農繁期にのみ借りるものが出てきたからである。そのほかに博労などが何十頭というほどの牛を農家に預けて飼わせる風習も見られた。この場合預った牛は自分の思いのままに使役することができたけれども、博労の方から返してくれといえば、いつでも返さなければならなかった。そして、たいてい代りの牛をひいてきたものであった。

牛は農家にとっては大切な労力であった。にもかかわらず、それを持つことのできない家は少なくなかった。そういうことが、このような制度を生んだのであるが、山と野の近い所では、山の百姓と野の百姓が共同で一頭の牛を持つようなこともあった。大阪府の河内地方では、これをモヤイ牛といった。冬、飼料の少ないときは、山の農家が飼い、六月の田植を早くすまして里の農家で使い、秋の稲刈・鋤起しの後は山の農家で飼うようになる。

こうして牛馬の貸借や共有の見られた所はなお広かった。富山県地方にも貸馬の制度が見られた。これは明治に入ってから盛んになったようである。富山平野へやってきた馬は能登のものであった。能登は山野も広く馬が多かった。とくに能登半島は馬の多いところであった。そしてそこでは農耕に使いこなすのみではなおあまるほどの馬がいたので、田植前になると富山平野へ引いていった。そして植付をすますと、背に労賃の俵をつけて帰っていったが、行くときまるまると太っていた馬がいずれもやせこけていたという。

第2章　職業の起り

1　村の職業

◉自分の家

遠方との交通や交易に牛馬のはたした役割は、以上のようにきわめて大きかったし、また牛馬の移動にともなって、人が大きく動いたことも、以上のような事実でほぼわかるのであるが、こうしたことを長々といってみたかったのは、ある一定の場所に住むとしても、その周囲で生産するものだけでは、容易に生活をたてることがむずかしく、必ず他の世界の世話にならなければすまないものがあるのだという事実を、示したかったからである。

ところで、大勢の人が一定の場所に定住して農業を営み、できるだけ自給を中心に生きていこうとしても、日常生活で不足するものは実に多かった。

元来、日本は農業国で、農村を主体にして発達した国であり、明治の初年までは都会らしいものは何ほどもなかった。交易や交換経済は都会の発達に並行するものである。

そういう点からすると、日本農村全体が自給をたてまえとしてきていたともいえるのである。

ではどのようにして自給体制をととのえてきたかというに、まず食糧の自給に重点がおかれたのである。食うだけのものは自分でつくるということが、そこに一つの村の成立っていくとき、重要な条件であった。

それもよいものをつくること、言いかえると米を十分につくりうることが農民としては最高の条件であった。仮に米が食べられずとも、自分のつくったものが食べられるということは、農民としては大事な条件であった。

次に自分の家に住むことであった。日本の農村には借家住いはほとんど見られない。たいていの人が自分の家に住んでいる。自分の家に住んでさえいれば、小作をしていても隷属農民とは見られなかった。

中には若干親方に家を建ててもらっている者があったが、それは隷属農民と見られた。たとえば中国地方の山中に多い株小作などはそれである。株小作というのは親方に家を建ててもらってそこに住み、親方の農地を耕作する農民のことで、小作料を親方に支払うだけでなく、吉凶その他農繁期などにも親方の家に手伝いにゆかなければならなかった。

九州の大分県や熊本県山中・新潟県北蒲原・岩手県北上山中などに見られる名子《なご》と呼ばれる百姓も同様で、親方に隷属していたのである。

長野県の伊那地方ではこのような百姓を被官《ひかん》と呼び、石川県では地内子という言葉が使われている。岐阜県山中では間脇・分付《ぶんつけ》などの呼び方もあった。また東北地方では家来カマドといっている。いずれも一般の小作人とは異なっている。

だから農民が自分の家を持つことをどれほど切望したことか。家を持とうとするときには村人全般の認可が必要であったが、認可されて村人となれば家をつくるのはそれほどむずかしくはなかった。

◉大工と鍛冶屋

家を建てようとするときには、まず村の総代の所へ行く。するとたいていの村では総代がそのことを触れてくれる。家々ではあまった材木、または柱や棟木になるような立木もくれる。すると家を建てたい者は木挽《こびき》をたのんでその木を切倒してもらう。そして木出しをする。山から里まで持ってくるのである。村の者が出て手伝ってくれる。これはすべて朝食までの仕事であった。材木がそろい、大工がそれを組立てられるように切込みをすると、今度は建前になるが、それも村人が手伝ってくれる。屋根は山中の村ならばカヤで葺き、里ならばムギワラで葺くことが多かったが屋根草はカヤ講や普請講に入っておれば、仲間のものが持ってきてくれた。

だから小さな農家一軒を建てるにはほとんど費用はかからなかったのである。ただ平野の村では材木に困ることが多かった。古い家ならば屋敷林を仕立てておいて、その立木を建築用材に利用したものであるが、分家の場合はどうしても買ってこなければならない。

次に衣類なども木綿の流行するまではアサを栽培してその繊維を利用するか、蚕を飼って生糸をとるか、山中の民ならば、クズ・コウゾ・マダ・フジなどの繊維をとってつむぎ、布に織って間にあわせた。

これらのことについては『日本人の衣食住』（本双書〈日本の民俗〉第2巻、瀬川清子著）にかなりくわしく述べられているので省くことにするが、とにかく、このようにして暮してゆけば村の中に店屋が一軒もなくても生活することができたのである。

ここで対馬を引合いに出してみよう。対馬というところは近世中期以後は城下の厳原《いずはら》以外には店屋もなければ商人もいなかった。近世初期、すなわち十七世紀半ばごろまでは商人もたくさんいたのであるが、朝鮮に近い関係から寛永一六年（一六三九）の鎖国以来、朝鮮との密貿易をなくするために城下以外には商人の居住を許さないことにしたのである。したがってできるだけ自給に頼らなければならなかった。

そこでは宝島に見られたような鍛冶屋の存在さえも許されなかったから、鍛冶屋は厳原の城下から村々をまわってやってきた。そして一つの村に十日くらいずついて、農家の金物の修理をしていくのである。

大工も同様であった。大工の方は新しく普請する家などあると、一カ所に二カ月くらい滞在することもあった。対馬の河内という所で旧家の古文書を調べていたら、大工をやとった帳面が出てきた。村の家の名が下の方にずらっと並べて書いてあり、その上に丸がつけてある。丸一つは一日仕事を頼んだしるしである。中には十日も頼んだ家があり、また一日だけの家もある。その丸に串刺しのように一本の直線を引いているのは支払をすました証拠であるという。大工に仕事を頼むと帳面にいちいち丸をつけておき、最後に皆集って支払をするのである。

鋳掛屋《いかけや》なども同様であった。

それでは魚の売捌きはどうしたであろうというに、問屋はすべて城下に住んでいて、その問屋が浦々の魚の販売権を買受け、自分の買受けた浦に納屋を建ててそこに手代をおき、魚がとれると納屋で買受けて厳原に運び、そこから内地へ出荷した。

家々で必要な日常生活用品の方は、時間があれば自分で厳原まで買いに出るが、そうでない場合は、村に草使という役人が一人いて、それがたえず城下と村との間を往来するのでその人に頼んだ。その人は城下に泊ることも多いので、村から費用を出して城下に草使の宿を建てていた。村人が城下へ出るとその宿に泊ったもので郷宿といった。今もこの郷宿の名残は見られる。とにかく村に店がないと売りにくるものを買うか、または必要なものを買いに出るかしなければならないわけである。

◉夜なべ仕事

ところで日本の村の大半は農業を主体としてきた。日本の人口の構成から考えてみても、まだ商業や工業の盛んにならなかったころ、漁業で生活をたてていた者は百万に達していなかったと思われる。今でも百万に足らないのだから。また山間で林業を中心にして生活しているものでも二百万ほどである。これらの人は交換経済によって生活していた人たちであるが、案外多くない。さらに寒い所に住んで交換経済によらざるをえない人たちの数を考えてみても二百万とはいなかったであろう。そのほか町に住む者や武士を集めても交換経済を主にした人たちは一千万人内外ではなかったかと思う。明治初年、三千四百万の人口のうち、二千四百万ほどはまったく農業を主にし自給生活を主体にして生きてきたものと見ていいのである。そしてこれらの人々は一応一定の場所に腰をおちつけて暮していたのである。

もとより出稼に出たものも多かったが、その居住の拠点をかえることは少なかったと見られる。

こうした村々では生活に必要なものをできるだけ自製自給した。しかし自製といっても限界があった。刃物を十分に持っていないのだから木工などは十分にできなかった。また陶器のようなものも自分でつくることはむずかしい。山野にある植物のうち、手先とほんの少々の道具で処理できるようなものが利用されたのである。

藁の加工などもその一つである。日本の稲藁は実にしなやかである。改良によってしなやかになったのか、最初からしなやかであったのか。藁を槌で打つとさらにやわらかになり、取扱いやすい。そしてこれをなって縄にし、編んで菰をつくり、織って莚をつくる。さらに蓑をつくり、草履・足半《あしなか》・草鞋・藁靴をつくる。その利用の範囲はきわめて広かった。そして日本の農家では一戸残らずといってよいほど夜や雨の日に男たちは

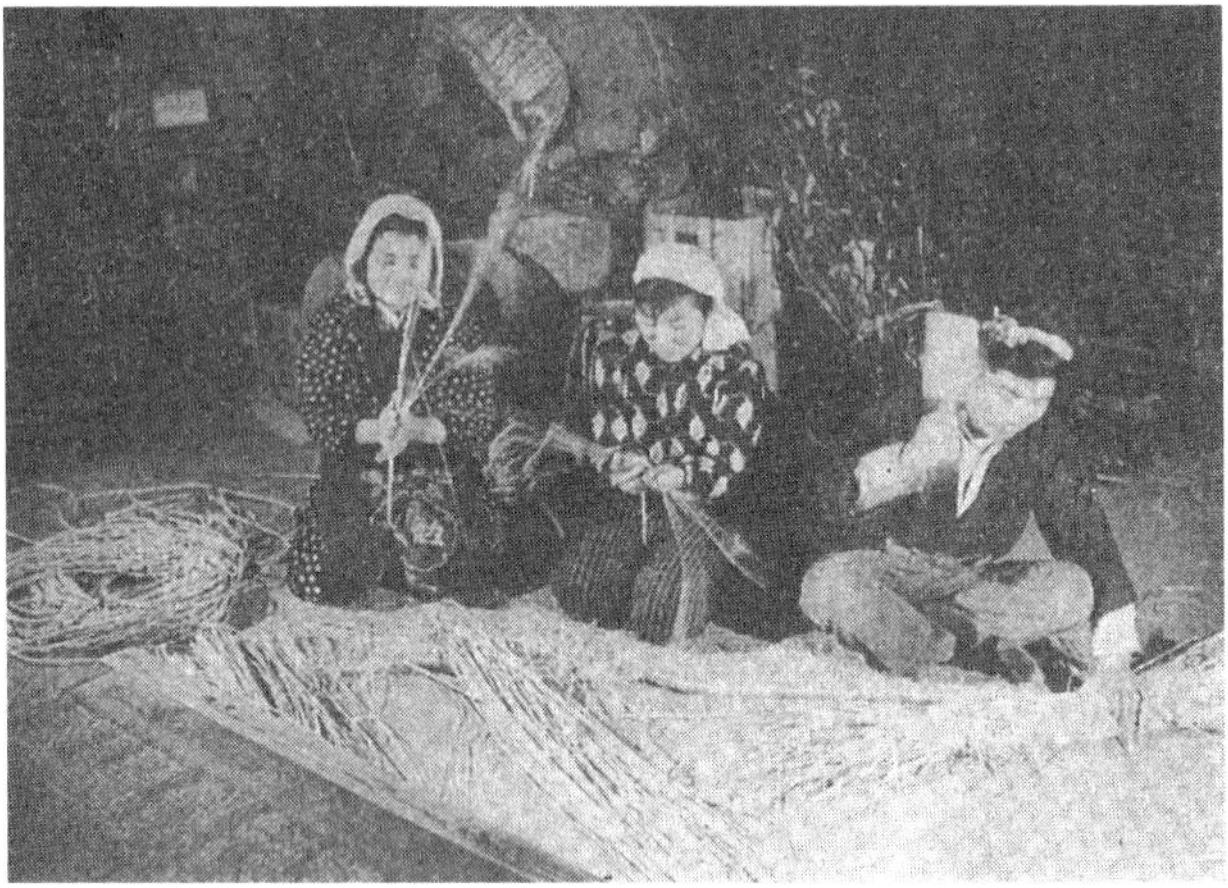

夜なべの藁仕事（福島県磐城市）

藁仕事をしたのである。

そうして、ものを買わないですむということは金銭の動きを著しく少なくした。また女たちはいろいろの植物の繊維をとって糸につむぎ布に織ることによって衣類を自給した。

そのほか箕・籠・背負袋のようなものを蔓草や桜の皮などを利用してつくったものが多い。また身のまわりのものをつくるばかりでなく、川魚をとる筌《うけ》のようなものまで自製することが多かった。これをつくる刃物といえば鉈・鎌・小刀くらいにすぎなかった。

そしてそれらのものをつくるとすれば時間はいくらあっても足りなかった。だから手の足らぬ家では人も雇い、夜業までしたのである。

農民は同時に職人でもあった。ほんと

うの農耕に費す時間は、すべての労働時間のうちの半分には達していなかったと思われる。そして自給度が高いほど誇りを持っていた。

◉物の貸し借り

貧しい農家では手もとにない道具は持っている農家から借りたものである。それは銭を出して買わねば入手できないようなものか、大工や鍛冶屋につくってもらわねばならないようなものであった。

愛知県北設楽《きたしだら》郡山中の農家の記録を調べていたら、その農家には明治初年のころ、背負子が十八個あった。背負子というのは背中に背負えるように負い縄のついた梯子のようなもので、これに荷をつけて背負う。最近まで農家には皆あったもので、運搬用具としては重要なものであった。ところが記録によると、そのころ十戸あまりの村で背負子のあるのはその家のみであり、他の農家のものはそれを借りて使っていた。背負子は大工がいなければつくってもらえぬ。この家は大工を招いてたくさんつくらせたのであろうが、他の家は背負子をつくるほどの財力もなかったのであろう。そこで金をもっている一人がたくさんつくって、持っていない者に貸していたのだが、だんだんいたんで百姓たちの求めに応じきれなくなってきた。そこで「せめて背負子くらいは各戸で持ってもらいたいものだ」と苦言を呈したという。すると、明治の初めごろまでは、背負子のようなものすら個人で持つことがむずかしかったことがわかるのである。

背負子ばかりでなく、日常生活に必要な鍋釜さえ持てなくて、借りて暮している者もあった。その話は『民俗のふるさと』の中でのべたのでここには省くが、とにかく日々の生活をたてていってみると、ずいぶん足らぬものが多かった。

お客をするときの膳椀などもその一つで、これを揃いで持っている家は少なかった。だから吉凶の際には持っている家へ借りにいったものである。しかし親方の家などで借りるということは、それが気持の上の負担になる。そして返礼の意味で親方の家へも手伝いにゆかねばならぬ。大勢の客を招くことはよいが、膳椀を借りることが一つの苦痛であったことは椀貸し穴の伝説がこれを物語ってくれる。

貧しくて膳椀を持たぬ者が、穴のところへいって「膳椀を貸して下され」というと必要な数だけの膳椀がそこに出される。それを借りてかえって招宴をすまし、また持っていって穴の中におくといつの間にかなくなっている。あるとき借りた者が一個こわして足らないままを返したところ、それからは誰が借りにいっても貸してくれなくなったという。

この話は方々にある。この伝説のあるような所には、招宴のとき村の親方などから膳椀を借りる慣習があったのであろう。

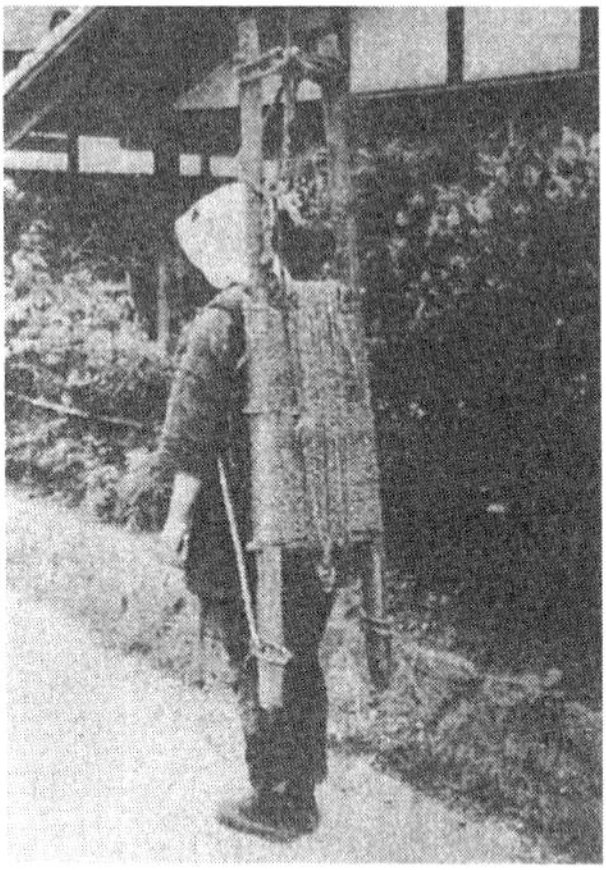

背負子（茨城県東茨城郡〔現・小美玉市〕）

膳椀ばかりでなく、農具などでも大家へよく借りにいったものである。籾をする土臼・唐箕・千石簁《とおし》のようなものはどこの家でも持っていたものではない。親方か大家でなければ持ってはいなかった。そこでそういう家の作業を手伝い、その後で借りたものである。

こうした貸借関係が成立つためには、そうした道具を揃えている家がなければならなかったし、またそれを借りる者に対していつも優位であった。

◉百姓以外の村人

さてどれほど自給自営しようとしても、農民の手だけではどうにもならぬ仕事もいくつかあった。作物を荒す鳥獣の防衛などがそれである。いろいろの方法をとってみても、なかなか追払うことはできない。そこで狩人をおいた村は少なくなかった。一般の百姓には鉄砲を持つことは許されなかったが、狩人ならば許された。狩人がいれば野獣などある程度防ぐことができた。さきにものべたが狩猟集団が解体すると、こうした村々へ雇われて、分散定住するようになる。

鍛冶屋などもその例であった。福井・兵庫・岡山・鳥取などをかつてよく歩いたころ、村の鍛冶屋はどこから来たかを聞いてみると、河内から来たと答えてくれる者が多かった。河内（大阪府）の丹比《たじひ》という所は、鍛冶屋のふるさとで、もとは河内を中心にして方々を回遊して鍛冶仕事をして歩いていたのである。それがいつか村々へ定住するようになって、河内へは帰らなくなった。鍛冶屋は村々になくてはならぬ存在であった。

それから紺屋《こうや》なども村になくてはならぬ商売であった。綿が普及してくると農家での機織は盛んになり、その木綿糸を染めるには藍が多く用いられた。そこで一つの村に一軒か、あるいは二、三の村に一軒くらいずつ土間に藍甕をそなえた紺屋が出現した。

桶屋もまた大事な商売であった。もとは液体容器といえばほとんど木桶であった。これは専門につくったものでなければ水もりがする。需要が少なければ桶屋は一カ所に定住しないで村々をまわって歩く。しかし需要が多ければ定住する。

とにかく、狩人・鍛冶屋・紺屋・桶屋のような者は村にはどうしても必要であったから、農家に迎えられて定住したのである。他所者ではあったが農家の要請によって定住したのだから大事にされた。そして古い鍛冶屋には中屋を屋号にする者が多かった。村の真中に居住させられたからである。鍛冶屋に限らず桶屋でも紺屋でも村の中ほどに住んでいる者が多かった。一般には、招かれずして来住した他所者なら、村はずれに住むのが普通であった。

こうして農家だけの村の中に農業以外を職とする者が少しずつ住みついていった。そうした中にあって、村にとっては必要でありつつ、村はずれに住んだ者も少なくなかった。渡守《わたしもり》のような者がこれである。村の近くに大きな川が流れていてしかも橋がなければ対岸へ渡るにはどうしても舟が必要になる。舟ばかりでなく舟をあやつる人も必要になる。この渡守はいつも川のほとりにいて、いつやってくるかわからぬ人を待っていなければならないので、番小屋から離れることができない。だから百姓することもできない。そこで百姓以外のものを雇っておくことが多かったのである。濃尾平野の諸川では、渡守は竹細工や藁細工をしている者が多かった。竹細工なら、坐っていて仕事ができ、動きまわることが少ないからである。昭和二〇年以後は、渡し場はほとんど見かけないほどに橋がかかったが、もとは渡し場は多かった。その渡し場の番小屋をのぞいて見ると、渡守はたいてい籠をつくっているか、草履をつくっていたものであった。

川のほとりの村で専門の渡守をおくようになったのは、江戸時代に入ってからのことではないかと思われる。そして渡守に雇われた者は、もともと川を生活の場にしていた人々のようであった。川を生活の場にするといえば川漁をしていたことになる。川魚をとるために筌や目籠のような竹細工に巧みであったものと思われる。サンカといわれる仲間にこれが多かったが、それらのうちの年寄った者が村人に請われるままに渡守になったものであろう。しかしこの仲間は鍛冶屋・紺屋のように尊重されはしなかった。

◉僧と神主

以上は村の中の農民以外の居住者のうち生産に関係のあるものであるが、それ以外に村の必要とする者が何人かいた。僧侶がそれである。死人の処理は農民には不得手であった。僧のいない山間僻地の部落では、普通の人が多少の経文など覚えていて、死人があるとお経を唱えたり引導をわたしたりして葬いすることがあった。村の中でもそれをやる者は決っていて毛坊主といった。飛騨（岐阜県）の山中や、大和十津川のように深い峡谷の上のややゆるやかな傾斜地に、五戸、十戸と家のあるような所にはこうした毛坊主が多かった。

死者を取扱うことは、その死穢が身につくとして一般にはきらわれていた。しかし僧がいなければやむをえなかったのである。死人を埋める墓穴掘などは、たいてい村の者が順番に行なったものである。

そんな有様であったから村で僧を雇うほどのゆとりさえあれば、必ず僧を雇ったものである。そしてどんな田舎を歩いてみても、堂・寮・庵などの名のついた小さい寺が一つずつある。現在は無住になっているけれども、もとは誰かが住んでいた。旅からやってきた僧がそのまま住みついて死人の世話をしたり、占いをしたりして、そこで一生を終ると無住になる。そのうちにまた誰かがやってきて住みつく。坊さんの宗旨は何宗でもよかった。死人の始末さえしてくれればそれで事足りたのである。その小さな庵にまたまやってきた僧が知識も広く才覚ある者であると、庵をだんだん大きくして普通の寺にまで高めていくことも少なくなかった。

一般に庵坊主とか、寮坊主と呼ばれる人たちは、村人からは軽蔑されていた。出自もわからず、その上、死人の取扱いをするので村になくてはならぬ人とされてはいたが、その末路はさびしいものであった。私は方々で寮坊主の思い出話を聞いて歩いたことがあるが、村人にとっては嘲笑的に語られている話が多い。

しかしこのような僧はたいてい独身だから、その血筋が続かなかった。同じ死人に関係のあるものでも、死人の埋葬をする者は妻もあり、子も生れ、それが軽蔑されながら続いていく。死者の埋葬はどこでもきらっていたから、戸数が百戸をこえるような村では、たいてい専門の者を雇っておいた。墓地のそばに家を建てて住まわせ、土葬の所では墓穴を掘り、火葬の所では死体を焼くのが仕事で、一般に隠亡《おんぼう》と呼ばれていた。隠亡は集落の比較的大きい近畿地方に多い。村に必要な職業でありながら、決して村人に尊敬されることがなかった。隠亡の収入は葬式のときの死者への供物と、秋の取入のとき家々を歩いて米をもらい、また正月には餅をもらって歩くことであった。さらに火葬のところでは人を焼くときできる灰を灰屋に売った。灰は肥料として売買したのである。

村々にはまた多くの社のあるものである。神を祭ることも村では重要な仕事の一つで、村によっては草分けの家が神主をつとめているところもあり、村の年長者がつとめているこどもある。さらに専門の神主をおいているところもある。それらのことについてくわしくのべることは避けるが、一つの村が自主的に自営の体制を守っていく上には、農民以外にこうした人々の参加がなければならなかった。

◉書き役

ところが近世に入って郷村制が確立し、村々が庄屋や名主によって統治されるようになり、領主からの布令が度々出たり、また村の方から年貢や土地についてのいろいろの届出をしなければならなくなると、村に文字を知る者が必要になってくる。昔は一村中に文字を知る者が一人もいないというような例は少なくなかった。そこで文字を知る者が庄屋に選ばれたということもあった。

昭和二五、六年に長崎県対馬の調査をしたとき、阿連《あれ》という西海岸の村で二、三日すごしたことがある。そのとき村の古老から、この村は明治の初めまでは文字を知るものが一人もなくて、村に書き役をおいていたと聞かされた。しかもその書き役の家が今もあるというので、たずねていってみた。それは小さな家であったが、昔、村が書き役のために建てた家だということである。書き役をしていた家は厳原《いずはら》の者で、そこの六十人士と呼ばれる問屋出身の人であった。招かれてこの地に来て明治維新の際、厳原に帰ろうとしたが村人にとどめられてそのままこの地に住みついた。その子も書き役のようなことをしながら、今までこの地にいるのだと話していたが、書き役はどの村にもいたそうである。対馬には村々に郷士がたくさんいたが、それらの郷士で字の読める者は少なかった。身分の高い郷士だけが字も読めたし教養も高かったという。

その翌年、能登半島の調査をしたが、そこの石崎というところで、「この村には字の書ける者が一人もいない。自分は黒島の者で雇われてきて書き役になっているので、できるだけこの村のことを書き残しておきたい」と書かれた文書を見たことがある。

さらにその翌年、すなわち二八年のことであったが、同じ能登で名主のほとんどが字の読めないという事を理由に、村々に書き役をおいた。書き役をおけばその給料も出さねばならず、村の出費もかさむので、藩の役人は喜ばなかった。しかしやむをえぬこととしていた。ところが名主の中には字の読める者もあることがわかって、藩の方からそういう村には書き役をおいてはならぬという達しが出ている。

ただこれだけのことからすれば、字の読める名主のいたこともわかるわけだが、それにしても字の読めない方が多かったのであろう。

農民ばかりの村には、字を読むことのできる人はいたって少なく、坊さんくらいにすぎないところが少なくなかったようである。

そういう村では書き役とか筆役というものをおかなければならなかった。書き役になるものはたいてい旅人であり、中には浪人もいたようである。農村に文字の普及したのは非常におくれていて多くの村では文字を知る人を雇わねばすまなかったようである。

このことについては、今日では聞取りによる調査はほとんど不可能になっている。

2　流浪の民

◉門おとない

一つの村が成立つためには、最低どのような職能の人が必要であったかを見てきたのであるが、村はもともと孤立しているものではなく、周囲の村ともつながり、さらに付近の町ともつながって成立っているのである。またそのつながりによって世間と世間の動きを知ることもできた。

いったい、村へやってきた他所者には、どういう人々がいたであろうか。古くもっとも多くきたのは信仰に関係ある者や、芸能をもった人々であった。それらは多くの家々をまわって歩いた。

そして春の初めには、とくに多くの来訪者があった。例を私の住んでいる東京都府中にとってみよう。府中は古い町であり、甲州街道に沿うた宿場でもあったから、外からの来訪者も多かったと思われる。

まず正月には福俵ころがしが来た。「ああらめでたいめでたいな」といって格子戸をあけて入って来、

一つころがしが千両なり　二つころがしが二千両なり……

と五色の幣《ぬさ》をたてた俵を座敷にころがしながら唱えるのである。するとその家ではいくらかの祝儀を出す。その福俵はどこから来たかわからないという。かつて私は三河の山中で福俵ころがしと宿でいっしょになったことがあった。その男は鳥取県の出で、鳥取を出て近江の琵琶湖の北を通って美濃に入り、三河まで来たところであり、これから遠江を経て駿河の山村を歩いて帰るとのことであった。村の名は明かしてくれなかったが、みな貧しく暮しており、少々の田畑では生活がたたぬので春になると旅に出る。村にはそういう仲間が十人あまりもいて、それぞれ檀那場があり、その檀那場をまわってくるのだとのことであった。府中へくる福俵はどこの出身であろうか。

福俵の来るころに、万歳もやって来る。これは三河の大野から来た。あがり万歳といって座敷にあがって舞った。そして一家をほめたたえる。その家の幸福を祈ってくれる

のである。舞い終るとお金を紙に包んだものを一升枡に入れて出した。明治時代には十銭か二十銭包んだものである。府中へ万歳の来ていたころには、得意が多くてまわりきれないといっていたが、いつの間にか来なくなってしまった。

あがり万歳のほかに門万歳というのが来た。これは乞食万歳ともいった。座敷へはあがらず、軒なみに歩いていった。府中ではもう見ることもなくなったが、昭和三八年、この万歳を三重県の関の町で見たことがあった。この地方にはまだ来訪門付が続いているようである。

それから節季候《せきぞろ》が来た。これは三十歳くらいまでの女が組を組んでやって来た。そして一人が音頭をとり、他がそれにつれてうたった。

祭文語りも毎年来た。ホラ貝を吹き錫杖をならしながら祭文を語った。ホラ貝を吹く回数を少なくすると浮れ節といった。浪花節——今日浪曲といわれるものはこれから出たものであるという。祭文語りは八王子に近い由木が本場で、そこからよくやって来た。

瞽女《ごぜ》もよく来た。瞽女は着物の裾を短くし、腰巻を出しているのが特色で、背中に袋を負って三人くらいが連れになっていた。呼びこんで歌をうたわせたが、その歌は鈴木主水や八百屋お七などで、三味線にあわせて口説《くど》いた。瞽女は新潟の高田地方が多かったが、府中へは山梨の瞽女が来た。瞽女はきれい好きで泊った家の座敷などきれいに掃除して立ち去った。

そのほか春駒・猿まわし・神楽・獅子舞・角兵衛獅子などが来た。時期は定まらないけれども、高野聖・六部・比丘尼なども時折門付していたものである。

以上は明治の終りころ府中の町家をおとずれた、いわゆる門おとないたちである。この仲間はそうした門付によって生活をたてたのであるが、各地ともこれに似たような訪れ人があった。ただ山中は家も少なく、そういうものが比較的少なかった。というよりもむしろそういうところから門付する人たちが出てきたのである。わずかばかりの芸と唱えごとをするだけで時に一年中の食糧くらいは稼げることもあった。そうした遊芸人たちで比較的知られているのは越後の角兵衛獅子、三河・越前などの万歳、伊勢の大神楽、住吉の願人坊《がんにんぼう》、西宮のえびすかき、阿波のデコまわし、筑前の地神盲僧などがある。

年の暮の江戸の町をゆく節季候（「職人尽絵巻」）

佐渡の春駒

高あしだ（「人倫訓蒙図彙」）

そのほかにもなお無数の門付仲間がいた。『人倫訓蒙図彙』によると、鐘鋳勧進《かねいのかんじん》・針供養・庚申代待《こうしんだいまち》・門経読《かどぎようよみ》・腕香《うでごう》・箸の供養・御優婆《おうば》の勧進・粟嶋殿・仏餉取《ぶっしょうとり》・歌念仏・鉢ひらき・事《こと》触《ぶれ》・大原神子《おおはらみこ》・八打鉦《はっちょうがね》・念仏《ねんぶつ》申《もうし》・鉢叩き・代神楽《だいかぐら》・獅子舞・歌比丘尼《うたびくに》・似瀬《にせ》順礼・高あしだ・与二郎・太平記読み・猿まわし・夷舞《えびすまい》・文織《あやおり》・門説経《かどせっきょう》・放《ほう》下《か》・住吉踊・猿若・四ツ竹・謡・風神仏・門談義・雪駄《せった》直し・船頭非人・姥等《うばら》・節季候・万歳楽・鳥追・祭文・ごほうらい・厄払・物吉《ものよし》などをあげている。これだけ見たのでは何のことかわからないような門付も多かった。

しかもそのような門付を許したのも、そういうことまでしなければ食ってゆけない人々のいたこと、同時に一方では自営自給を本位にして定住した農民たちの定着性の強さのために、こうしたものを受入れる素地が村の方にあったことを見のがしてはならない。さらにこのような門付の背後には、古い伝統のあったことも見のがしてはならない。それはまた後にふれることにしよう。

こうした多少の芸能と歌曲詞章と信仰を売り物にして、これほどの仲間の遊行が許されると同時に、またささやかな品物を振売《ふりうり》する行商も許されていた。とにかく、人々が自給自営をしていくためには、群居する必要があり、また群居するものは、他の社会と連携し、他所者の来訪も受入れなければならなかった。

◉大道芸人以前

ところで、門付するものがその初めは単なる物乞から、ささやかな物売などして生計をたてていくようになっていったこと、したがってそれは正当な交易というよりも、買ってもらうという気持の強かったことはさきにのべたが、今少しその事実を歴史的に回顧してみよう。

生活に窮したもの、あるいは現実の生活のわずらわしさから逃避しようとするとき、髪を剃って僧形になることは一番安易な方法であった。それも正式に受戒して僧になるのであれば、またその世界の秩序にしたがわねばならぬが、私度僧といわれる自分勝手に僧形になる者はその秩序にはしたがわなかった。そしてそういう僧が時には山中に止住し、また僻地を歩きまわった。いわゆる遍土の僧である。中国・四国地方では乞食のことをヘンドといっているのは、この遍土の僧から来ている言葉であると思う。

そして少なくとも私度僧即乞食という時代があったと見られる。すなわち仏教に関係のない乞食すらも髷を結っている者はほとんどなく、いずれも断髪蓬髪になっていることがこの推定を助けてくれる。この仲間は家々を門付して物をもらったばかりでなく、人の多く集るところに集ってきた。社寺の門前とか街道筋、市日などには必ず群衆の行き交う一角に座をしめて物をもらった。

日本ではそういう情景はあたりまえのこととしてそれほど気にもとめなかったようであるが、外国から来て日本を見た者の眼にはこれが異様に映った。応永年間、朝鮮から日本を訪れた老松堂の『日本行録』をはじめ、西欧人の眼にはしばしば映っている。その中でもケンプェルの『江戸参府紀行』がもっともくわしくこのことを誌しているので掲げよう。

日本国内にはいたるところに多数の乞食が群をなしているが、その中でも東海道がもっとも多い。彼らの中には頭を剃った若者もいる。また女の子で剃髪したものを比丘尼と呼ぶが、貧しい親を持っている美しい娘は比丘尼になって食を乞うて歩いた。これは旅人が、その美貌に心をひかれて寛容と同情の念を持つからである。山伏も同じような仲間で、彼らは比丘尼を妻にしている。中には遊女であった者が比丘尼になっている例もある。比丘尼は三人四人相集って住み、毎日その周囲数マイルの所を歩きまわり、人がやってくると、半ば歌で物を言い、あなたが物おしみせず慈悲が深ければ、私はあなたといっしょにしばらくあなたの心をなぐさめましょうと呼びかける。髪は剃っているけれども黒絹の頭巾をかぶり、服装は端正なもので、腕は指無の手袋で被い（手甲のことであろう）、大きな笠をかぶり、手に杖をついている。

また乞食にはいろいろの種類がある。山伏は錫杖をならし、ホラ貝を吹いて喜捨の金をもらい、あるいは老年の僧は立って経文を読み、あるいは河畔で施餓鬼《せがき》を行なう

乞食僧（「融通念仏縁起」）

明治のころまで残っていた門付女

僧もある。手にしきみを持ち、その枝と一緒に、亡者の名を書いた木片を、念仏を唱えて川に流すと、亡者は極楽へ行けるというのである。あるいはまた路上荒莚の上に坐って鉦をうちつつ「南無阿弥陀仏」を唱えて銭をもらうものもある。

その他病人の乞食、祈禱をして歌をうたう者、胡弓・三味線をならす者、手品を使って銭をもらう者など雑多である。

さらに街道には多くの群集が行き交っているが、それは小商人や田舎人が多く、朝から晩まで街上をかけまわって旅人の後を追い、彼らの貧しげな商品を買うようにすすめる。それらは食物が主で、しかもそれに加えた糖分は少なく、お話にならぬような駄菓子である。そのほか、植物の根を塩と水で煮たものもある（副食物であろう）。また道中案内の書冊を売るもの。人馬の草鞋を売るもの。縄・細引・小楊枝をはじめ、木や藁や芦や竹でつくったいろいろのものを売る。

それは『民俗のふるさと』でのべた宋希璟が兵庫と京都の間で見た風景をもっと複雑活発にしただけで、本質的には少しもかわっていなかったことがわかる。

◉散所と河原

これによってわかることは、日本の商業はもともと交易しなければ生計をたてられないから起ってきた半面、こうした細民たちが物乞の一つの手段として、細民たちに支えられて発達したことが推定せられてくる。

地方に住む細民たちは、ただでさえ生活に苦しんでいるが、領主の租税の取立てなどが重いと、郷里をすてて群になって逃げ出す。そしてよりよい世界をさがして流旅を続ける。また天災や凶作があると同じように流旅が始まる。そうした人たちはなるべく人の多く住んでいる所へ集ってくる。こうした仲間は中世にあっては、租税も夫役もかからぬような土地を見つけてそこに住みついた。村はずれ・村境・傾斜面・河原のような所である。そこへ家を建てても誰も文句をいわないような所である。時には一人二人で村の端に住みついたものもあったであろう。いずれも粗末な小屋をかけ、雨露をしのぐことができれば事足りたのである。

京都の加茂川原は、とくに零細民の多く集り住んだ所であり、応永三四年（一四二七）五月の洪水のときには、百戸あまりが流失し、同じ年の七月の雨にも数十軒が流れたとある。また享禄三年（一五三〇）六月の洪水にも、河原の唱門師の村が流れたとあり、そういう被害はしばしば見られたと思うが、その危険をおかしてまで住まねばならぬ理由があったのである。

しかし、こうした所に住んでみても、いつまでも無主無従ではいられなくなり、誰かの支配の下に入るようになってくる。そこでなるべく負担がかからないで生活のできる所へ居住を定めることも考える。散所というのはそうした所であった。散所というのは、もともと一定の住所を持たない流浪者のことであるが、その流浪者が集って時には村はずれに住みつき、時には大きな社寺の門前・境内などにも住みついた。その中で有名なのは東寺散所であった。彼らは東寺の寺内の掃除をすることによって居住を許されたものであるが、鎌倉時代からしだいに大きくふくれ上っていって室町時代には東寺を中心にして数カ所に居住した。ささやかな生活をたてていたのであるが、世間の人々には乞食として眼に映っていたのである。

東寺のほかに相国寺・御霊社・加茂・北野・仁和寺などにも散所があった。だから散所の住民はかなりの数にのぼっていたと思われる。

彼らはただ社寺の境内の掃除のみに日をすごしたのではなく、寺の労役にもしたがったのであって、東寺の散所は土木工事に巧みで、東寺ばかりでなく命を受けて幕府の仕事などもしている。

京都竜安寺石庭の石に、かすかに残る小太良・徳二良の銘。石組の作業にあたった河原者である。

河原者の中にも技術者は多かったようで、善阿弥と孫の又四郎という者は築庭師として知られた。そして善阿弥は蔭涼軒や奈良大乗院の庭をつくり、又四郎は三井寺や南禅寺などの庭をつくったという。今日京都に残る名庭園の中にはこうした河原者の手になるものが多いと思われるのである。

家々を門付して歩くものは唱門師と

いわれたが、これらもただ門付ばかりでなく、やはり簡単な土木事業や細工などは行なったもののようである。今日、大阪平野にある唱門師の後だといわれる村には、籠・箕・莚・叺《かます》などをつくるものが多く、また家普請の手伝いに出ているものが少なくない。

そして一定の住所を得ると、そこを中心にして周囲の町家や農家へ門付することもできたし、また、それらの家々の雑用にも雇われるようになるし、中には行商を営む村も見られたのである。

◉橋の下の人生

こうして散所や河原者はそれなりに定住し、そしてその中から集落の職業もしだいに定まってきたのであるが、同時に新しい河原居住や村はずれ居住が次々に発生していったのである。私は大正の終りころから昭和初めへかけて、大阪を中心にしてそうした集落を見て歩いたことがある。私の眼にとまったもっとも大きな集落は、大阪市天王寺駅西南方の蜜柑山であった。今、そこはすっかり町の中になっており、市民病院が建っているが、もとは丘で、西は崖になっており、南側には水田があり、北は関西線の谷を隔てて天王寺公園に対していた。この丘の上には異様な莚や菰で張った小屋の集落があった。うすぎたない人たちが住んでいた。

これと相似た集落が新淀川にかかっている長柄橋の下にもあった。ここと蜜柑山の集落とが大阪では一番大きかったのではないかと思われる。両方とも統率者があり、婚姻も両者の間で行なわれていると聞いた。蜜柑山の仲間は主として天王寺境内に出かけて物もらいをしたようである。天王寺の庚申堂の境内にも一群がいた。この仲間には長さ一間幅三尺ほどの箱に屋根をつけ、木の車輪をつけたものに住んでいる者が何人もいた。車がついているのでどこへでも移動することができた。そして夜はその中に寝た。この仲間にはバタ屋をやっている者もいて、昼間はそれに屑物を入れて引き歩いていた。この車のついた家の発明はきわめて古く、すでに『一遍上人絵伝』の中に見えている。『一遍上人絵伝』にはずいぶん多くの乞食が描かれているが、その中で車のついた小屋に住んでいるのは天王寺の乞食だけである。そしてその伝統は戦前まで持ち続けられており、後にはこの車は中国地方の西の方の乞食仲間まで利用していた。

そのほか、淀川の旧本流にかかっている都島橋の下にも乞食の大きな集落があった。その中でチャンといわれる親方衆は橋の袂でドラ焼屋やカントウ煮屋をやっていた。

大阪と堺の間を流れる大和川の大和橋の下にも集落があった。この集落は大きくなったり小さくなったりした。川の上、中流や、紀ノ川筋のサンカ仲間がウナギをとりにこのあたりまで来たとき、その集落のそばに小屋掛するためであった。大和川のほとりには、そここに三戸、五戸粗末な小屋を見ることはあったが、すぐ消えたのは移動を事としているためであろう。

大阪府泉南郡の熊野街道が川をわたる橋の下には、たいてい二、三戸の小屋があったものだが、樫井川の橋の下にあったものは大きく、三十戸ほどにのぼっていた。彼らはただ乞食をしたのではなく、川魚をとったり、山間の村々の埋葬の手伝いをして歩いたりしていた。この地方には土葬が多く行なわれていたので、その穴を掘って歩いた。そして死者に供えたものや、墓掘人夫がもらうべき酒や米ももらっていったのである。

そのほか橋の下に集落をつくっている例は昭和一〇年ごろまでは大阪平野、紀ノ川筋などではめずらしくなかったのである。食いつめてしだいに落ちぶれて河原者にならなければならなかった者が、昭和の初めごろまではなお多かったのである。

もともと彼らはそれぞれふるさとを持っている。中には妻も子もある者もいた。しかし事業に失敗したり、人生的なつまずきのために社会一般の秩序の中から脱落した。そして自らの姓名も消して多くは出身の国名で呼びあった。紀州とか泉州・摂州というように。

散所や河原者たちがその努力によって職業らしい職業を持ち、曲りなりにも小屋住いから、家宅住いにまで成上っていく半面、こうして次々に新しい落伍者が小屋部落をつくっていきつつあったのである。

◉葬式坊主

明治大正になると、落伍者たちは必ずしも僧形にはならなかった。これは一つは男のすべてが断髪したために、乞食仲間たちと区別がつかなくなったことにもあろうが、幕末までは乞食で髷を結っている者はほとんどなかった。蓬髪であり断髪であった。僧形の名残であろう。僧ならばいつもきれいに剃っていたが、乞食の方は剃ることが少なかった。

落伍者たちの身分が多少とも上ってくるのは、ただ単に物もらいをするのではなく、何らかの仕事をしてその報酬として物をもらうことである。自分に商品をつくり出す能力がなければ、歌をうたうなり、舞をまうことによって――つまり芸を売って生きることもできる。唱門師の村はそういう人たちの住むところであり、彼らは猿楽・アルキ・白拍子・アルキ巫女・金タタキ・鉢タタキ・アルキ横行・猿飼などをはじめ陰陽師や経文読みなどもして歩いたのである。操り人形などもこうした仲間の芸能として発達していったようである。

それが散所者ともなれば手に職も持ってくるので、さらに高く見られたようである。正長元年（一四二八）に、河原者が禁中へ庭木の仕事で使われることになり、参入すると、河原者は不浄であるからとて反対した公家があり、停止せられた事件があったが、そのとき散所の者が代ってこの仕事にあたった。

このように河原者と散所者の間には身分の差がつけられていたのである。不浄といわれるのは、死に関連していたからである。河原者たちは死牛や死馬を取扱った。それでけがれていると見られた。死人を取扱う場合も同様である。

もともと僧は死を取扱う者とはきまっていなかった。死を取扱わぬ僧はけがれがないとされている。対馬などでは、今もその区別がかなりはっきりしている。対馬南端の豆《つ》酘《つ》という所には、三つの寺があった。その一つは観音堂であり、その二は金剛院という真言宗の寺、その三は永泉寺という禅宗寺である。

観音堂はこの地にある多久頭《たくつ》魂《たま》神社に属した寺で、この寺の六人の僧侶たちが神社に奉仕していた。そして最高の者を観音住持と呼び、あとの五人を宮僧《くそう》といった。もともとは供僧と書くものであろう。宮僧たちは多久頭魂の里宮に観音を祭って拝み、経を誦唱した。しかしこの僧侶たちは清僧といって妻もあり子を持ち、家が世襲されていった。清僧は死人を取扱わなかった。だからけがれていないと考えられた。清僧が海岸近くを通るときは、扇をひろげて海の方を見ないようにして通った。海岸には浜部落があり、そこでは魚をとっている。魚をとることは殺生でありけがれたことである。そのけがれが身につかないためである。豆酘だけでなく、対馬には清僧が何人かいたが、いずれも死者に近付かず、またけがれぬように心がけた。

“夷まわし”と呼ばれた人形つかい（「人倫訓蒙図彙」）

　金剛院の住職は世襲ではなく、在家から弟子として入ってきた者のうち利発にして学問のある者が跡をとったが、住職である間は死者を取扱わなかった。しかしこの寺では住職が年をとると隠居し、隠居寺へ入る。隠居僧は村人の弔いに出かけていった。隠居僧は浜へ行ってもよかったし、けがれることも行なった。

永泉寺は初めから死者を取扱う寺として創立された。そして永泉寺の僧は観音住持などと往来することはなかった。

古くは僧の中には仏に仕えるだけで、死者を葬ったり、法要を営んだりしない僧が多かったのであるが、念仏宗の発達に伴って、僧が死者の弔いをするようになる。それは死者の霊が極楽へ行くようにと祈ることから始まった。仏に導かれて死後、極楽へゆくようにするためには、念仏の功徳に待たねばならぬという考え方が念仏を普及させ、また僧が死者の埋葬に立会うようになってくる。

◉捨　聖

仏教を民間に浸透させ、同時に僧が死者の埋葬に結びつくようになったもっとも大きな役割を果したのは一遍であった。

一遍は延応元年（一二三九）、伊予の河野通広の次男として生れた。十歳のとき、母を失って、父の命で出家し、十三歳にして九州に下り浄土宗西山派の始祖證空の流れをくむ聖達について学び、また華台について学んでいる。

二十五歳のとき、父の死にあって郷里に帰り、還俗して三十三歳ごろまでは郷里で生活していたようである。『一遍上人年譜略』によると、三十三歳のとき伊予の窪寺にこもり、三十五歳のとき、伊予菅生の岩屋観音に詣でている。多分このころ再出家したもののようで、親類の中に二人の妾を愛する者があり、あるとき昼寝していると二妾の髪の毛が小蛇になって喰いあっている。それを見て恩愛嫉妬のおそるべきことを知ったとある。もとより一つの伝説で、毛髪が蛇になってからみあう話はギリシャにもある。さらに『北条九代記』にはこの話は一遍自身の話になっている。また説経節の『苅萱《かるかや》』では、加藤左衛門尉の二妾の話になっているが、実はこれに似たような事実が一遍の生活の中にあったのかもわからない。それがもう一度出家する動機になったかとも考えるが、やがて所定めぬ放浪の旅に出るとき、超一、超二という二人の比丘尼をつれている。この二人とは後に熊野で別れているが、一遍に特別関係のあった女性の出家したものと思われる。

信濃路を遊行する一遍と、それを見送る人びと（「一遍上人絵伝」）

郷里を出た一遍は大阪に出、さらに高野山にのぼり、熊野にいたった。一遍は文永一一年（一二七四）の春、大阪にいたとき、思いついて念仏の札を配ることにした。これによって人々が一念の信を起して信仰に入ってもらいたいためであった。それには自分自身が深く禁戒を守ってその札を配れば、受けた者は仏性の眼を開き、極楽に往生すると考えたのである。

そして、熊野で霊夢を受けた。一遍のすすめで衆生が往生するのではなく、阿弥陀の正覚によって往生するので、信不信の問題ではない、南無阿弥陀仏と唱えれば往生するのだから、札は配るのがよい、というのである。

　この考え方は実は日本の古い信仰の姿であるといっていい。日本の古くからの信仰では信仰のない他人のために祈っても効果があると考えられていた。戒律を守って慎み深くしていれば、神は助けてくれると人は信じたのである。同様に仏教の場合も祈ることを忘れている者に対しても、真剣に念仏を唱えてあげることによって、その者は往生する、と考えたことから念仏は大衆化してきはじめる。

　一遍はそれから死に至るまで、北は岩手県江刺郡から南は鹿児島県大隅半島までの間を実によく歩いた。そして自ら捨聖《すてひじり》といって家も寺も持たずに歩き続け、他人のために念仏を唱えて札を配り、また念仏踊を踊った。

　世の中には不幸な死に方をした者が多い。旅先で行き倒れになった者の数だけでもおびただしいであろう。そのような死者はそのまま捨ておかれる。また戦い敗れて死ぬ者もある。それらも死屍を野にさらしたままである。世人はできるだけそれに近付かないようにした。死穢が身につけば身がけがれると考えたからである。

　そうした不幸な死に方をした者のために、一遍は念仏を唱えた。そうすればその死者の霊が極楽に行くと考えたからである。そのようにして死者の霊を弔って歩いた。

　一遍の流れを汲む念仏行者たちも、同様であった。寺も持たず家も持たず放浪の旅を続けた者が多い。中には野辺の白骨をねんごろに供養し、その骨の一部をもって高野山へ持って参るものもあった。高野山は聖地であり、死者の魂の帰る所であるとも考えられていた。こうして一般民衆の骨も高野へ持って行かれるようになる。高野聖はこうして生れてくる。高野聖は高野から出てくる僧ではなく多くは時宗《じしゅう》——すなわち一遍の流れを汲む人々であった。

◉売　僧

「高野聖に宿貸すな、娘とられて恥かくな」という民謡が昔から行なわれている。われわれの子供のころには、まだ唱えられていた言葉である。高野聖がどういうものであるかは知らなかった。とにかく高野《こうや》か紺屋《こうや》かの区別もつかなかったが、旅人に宿を貸して娘をつれて行かれないようにせよ、というくらいの意味にしかとっていなかった。ということは、われわれの子供のころには高野聖はもうあまり来なくなっていたから、実態がわからなくなっていたのである。

高野聖（「三十二番職人歌合絵巻」）

しかし郷里の幕末のころの文書を読んでいると、伊勢の御師や高野聖に宿を貸してはならぬという布令が出ている。これはそういう者の中にはスパイがひそんでいて、藩内の秘密がもれるかもわからぬためであった。そのころまではまだ地方を歩いていたものであろう。家々を門付して鉦を打ち詠歌を唱え、また念仏を唱えるだけでなく、この坊さんたちは、笈《おい》の中に小間物のようなものまで入れて売り歩いていたという。行商をかねていたのである。時には高野あたりの札も配って歩いたが、高野とはたいして関係もなく、高野への骨上《こつのぼ》せなどもあまりしなくなり、たいへん堕落したものになっていたようである。それで風儀も乱れてしまって、宿を貸すと娘の貞操を盗むようなことも多かったのであろう。僧をさげすむ言葉に、売僧《まいす》というのがある。このような行商の僧を軽蔑していった言葉であった。

だが、その初め、この仲間が村々をまわって不幸な死をとげた者のために祈り、また死者のあるとき、ねんごろに弔うようになると、人々はこうした念仏僧に強い関心を持つばかりでなく、人々の死者に対する埋葬の仕方にもおのずから一つの型ができてきた。と同時に僧の仕事が、死者の埋葬や死後の法要に重点がおかれるようになってくる。そのような体制の整ってきたのは中世末のころであったと思われる。

そして不幸な死をとげた者ばかりでなく、あたりまえに死んだ者に対しても、法要がていねいに営まれるようになる。それまでは死者があっても、一般の者は墓を建てるということはなかった。だから中世末までは墓はほとんど建てられていない。残っているとすれば不慮の死をとげた者の供養のためのものが多かった。

中世の墓をたくさん残す所を調べてみると、そういう感じが深い。たとえば和歌山県根来寺へ行ってみると、中世末の年号の墓がずいぶんある。その年号を見ていると年号の同じようなものが多い。戦争か何かのために大量の死者があったことを物語っている。

それが江戸時代に入ると、不慮の死などということなしに墓が建てられるようになる。金持は石で、貧しいものは木で建てたもののようで、木の方は朽ちたが石の方は残った。それも江戸中期になると石がしだいに多くなる。それぞれの家の者が死者をあつく葬るようになってきたのは、こうして念仏僧が果した役割が大きかったが、一遍の流れを汲む時宗の僧は遊行を事として寺を持つことが少なかったので、僧自体が堕落していくとともに宗派の勢力もおとろえていったが、彼らが全国にひろめた信仰の形式は一般大衆のものとなっていく。と同時に遠方行商の歴史にも重要な役割を果している。彼らがはじめ背負っていた笈が後には千朶櫃《せんだひつ》にかわってきている。千朶櫃は商品など入れて背負って運ぶ容器である。『拾椎雑話』にも「元禄のころ、高野ひじりといって大きな笈を負って廻国し、小浜（福井県）へもやってきた。中には高野山の商物を入れてあり、諸国の人たちの注文に応じて品物をととのえて持ち歩いている」とあってすっかり商人化していたことがわかる。

3　振売と流し職

◉ささやかな行商

村の貧しさが、村の中から脱落者を出し、それらが乞食になり、あるいは僅かの芸能を持って歩いたり、信仰を頼りに漂泊して歩き、村民もまたそういう人たちを受入れることによって村の生活を安定させてきたさまを見たのであるが、そうした零細民・遊行漂泊者たちが、蔑視されながらもなおその職にしがみつかねばならなかったのは、そのようにして生きるよりほかに方法がなかったからである。また身を落し人にさげすまれることを覚悟すれば生きられもしたのである。そしてそのことから、門付同様の小職を無数に生んでいった。物を売って歩く場合にはもはや乞食ではない。押売はしないが声をたてていわゆる振売に歩く仲間は村々に店の数が少なかっただけに実に多かったのである。

ところで、江戸時代には、振売や門付をして歩くような商売がどれくらいあったであろうか。『守貞漫稿』によると、江戸で行なわれていた振売や流し職だけでも百五十四種ある。その中には自分でつくったものを自分で売りあるく者と、他人のつくったものを頼まれるか、または買い受けて売り歩くものがある。そうした中から、そんなものまで商売になったのかと思うようなもの、あるいは今日ほとんど見られなくなったものをまずあげてみよう。

京都の西の常盤というところから「おちゃないか」と呼びながら歩く小商人が出ていた。「おちゃ」というのは「落ちは」という意味で、落毛・抜毛のことである。女が袋を頭にのせて家々を歩き、女の人たちの抜毛、落毛を買うのである。それでかもじをつくるのであった。昔は落毛・抜毛まで金になったものである。

また小さな雑魚を売り歩く者がいた。「談義坊売」といっていた。これは「ダンギボウ」と大声で呼ばわりながら歩いたものである。雑魚といっても淡水魚で、子供たちはそれを買って水桶などに入れて楽しんだのである。近ごろ金魚を飼うのと同じであろうが、もとはありふれた雑魚まで金になったのである。

今、店先で売られている魚介や野菜なども、もとは多く振売であった。そのうちしじみ売は今も振売が続けられている。豆腐なども古くから振売されたものであり、今日もその名残が見られる。豆腐売によく似たものに糊売があった。われわれが和服を盛んに着ていた昭和二〇年以前までは見られたものである。着物を洗濯すると必ず糊をつけたもので、すると着物がピンとしていて着て肌ざわりのさわやかなものであった。

のんきなのは油売で、呼び声からしてのどかであった。さて油をはかるのに、その油が受けている容器に垂れ切るまで待っていなければならぬ。見ているといかにも怠けているように映ったものである。怠けることを油を売るといったのもそうした情景から出たものであろう。

◉販女

地方へ行くとまだ見かけることができるが、都会ではほとんど見かけなくなったものに、魚売がある。魚売のことはさきにも書いた。その初めはほとんど女が売って歩いたものであった。古くは販女《ひさぎめ》といった。

瀬戸内海地方の能地の女たちのように頭にハンボウをのせて売り歩く者もあれば、天秤棒で魚籠をかついで売り歩く者もあった。多くは漁師の妻で、男のとったものを妻が売り歩くばかりでなく、市場や問屋から仕入れて売り歩く者もある。それが皮膚呼吸のように海岸から山奥までもってゆき、得意先を売って歩いて、夕方になれば戻ってくる。一々の例をあげるのも興のないことであるが、広島県海田《かいだ》市向洋《むかいなだ》あたりの漁師は、山中の三次《みよし》近くまで籠をかついで売りにいったという。村を出るときは五人六人でいっしょだが、ものの一里も歩いたころにはもうばらばらになって、それぞれの得意先へ向う。一人一人に得意先があって、それぞれ縄張のようになっていた。奥へいくほど遠くなるわけで、年をとった者には向かなかったから、そういう所へは若い者が多く行った。

こういう行商は、食物と換えることもあったが金で売ることが多かった。金といっても現金で取引されることは少ない。もとはたいてい盆と暮の勘定であった。お互いに文字を知っているわけではなかったが、記憶一つを頼りにしてどの家へ何回売ったか、何を売ったかを覚えていて、その金を要求すれば相手も支払ってくれたという。中には丸を書いておいて、お金をもらえば串刺しにすることもあったようである。人間の記憶は文字のないころの方が正確でまた忘れにくいものであったという。

海田市にかぎらず、広島県下だけについて見ると、西からいって玖波・草津・吉浦・長浜・川尻・二窓・吉名・三原・尾道など、皆、女の行商の出たところである。同様に大きな漁村からはひとしくこのような行商が出ていた。

魚の行商が男によって行なわれるようになるのは高級魚が取扱われたり、遠方への行商が行なわれるようになってのことであった。

　しかし中には、女の行商がとんでもない発展をした例も見られた。愛媛県松前《まさき》のおたたなどはその例であった。松前は伊予灘にのぞんだ漁村で、そこの女たちは頭にゴロウビツというハンボウ（浅いたらい）をのせて松山の城下へ魚売にいっていたものであった。言葉が乱暴なので知られていたが、大正時代になって交通が便利になり、三津浜の魚市場の魚が汽車で松山へ持ちこまれるようになると、ここの女たちは松山以外へ行商をはじめる。初めは魚の干物のようなものが主であったが、後には罐詰をはじめ、食料品一般となり、行商先も朝鮮・満洲・蒙古あたりまで出向くようになっていた。

　そのころには、女一人の旅はむずかしくなり、男もいっしょの二人連れであった。徳島県阿部の女たちも早くから本州各地を行商に歩いていたが、交通が便利になるとやはり海外へ進出したものであった。

　松前に近い睦月《むつき》島なども早くから女が行商したところである。ここの女たちは伊予絣を織るのが上手であったが、後にはそれを行商に歩くようになり、北は樺太から南は九州までの間を売り歩いたという。やはり夫婦で出ていった。初めは愛媛県から高知県の山中の農家を一軒一軒売り歩いていたのであるが、汽車や汽船の発達によって遠出するようになった。そしてどこまでもどこまでも出かけていったのだが、村にも店が

「年中行事絵巻」に見える販女

でき販売制度がととのってくると、旅人から物を買うよりは村の店で買う方が安心して買えることになる。

ささやかな女の行商はそうして終焉をつげたが、関東・東北に見られるいわゆるかつぎ屋風景はむしろいろいろに形をかえつつ残っていくようである。

◉消え去った振売の小商売

人の記憶に多少はあるが、現実には見たことがほとんどないという振売の小商売には、針売・印肉の仕替・古傘買・灰買・鼠取売・筆墨売・銭さし売・甘酒売・渋紙売・暦売・もぐさ売・付木《つけぎ》売などがある。

縫針は小さいものであるが、女たちにとってはなくてはならぬものであった。しかし縫針ばかり持って歩いたのでなく、裁縫に必要な小間物などいっしょに売り歩いた。長方形の重ね箱に入れて、それを紺の風呂敷に包んで首にかけて背負い、得意先を売り歩いた。縫針は昔は京都の御簾屋が名工でその名を知られており、『守貞漫稿』には江戸時代でも「みすやはりはよろし」といって売り歩いたというが、私が子供のころにも「みすやはり」といって売り歩いていたから、瀬戸内海地方もこの針が売られていたわけで、おそらく全国にわたっていたものであろう。後に広島の〝本みやけ〟が盛んに売られるころには、店屋が発達して店の商品になっていた。

縫針ばかりでなく釣針なども行商されていた。縫針や釣針のようなものは行商人が製造するのではなく、これを製造する者は別にいて、行商人はその売子として売り歩いたのであるから、すでにかなり大きい資本に結びついていた。

釣針は昔は自分でつくったものである。貝塚などから出てくる骨製の釣針はみな手製であった。だから魚を釣ろうとするものは自分の手でこれをつくったのである。海幸・山幸の伝説に兄弟がその持っている猟具をとりかえ、山幸は兄の釣針をもって海へ釣りに行き、釣針をとられてしまった話がある。すると兄はどうしてもその釣針を返してくれと弟を責める。弟は自分の持っている剣を折って千本の釣針をつくって兄にささげたが、兄はどうしても失われた釣針がほしいといって弟を許さない。

いかにも意地悪い話のようであるけれども、自分がつくり、自分で使っている針には不思議な呪力がついており、魚がかかりやすいと信じられ、特別に大切にされていたものであろうし、また自製品であることから失わないためにずいぶん気もつけたのであろう。そしてその針が『古事記』の書かれたころには鉄でつくられていたこともわかる。

その後ずっと後まで釣針は自製されていたものであるが、江戸時代に入って世の中が落付き、沿岸に釣漁村が発達するにつれて、釣針も自分たちで自製しきれなくなったのであろう。そして関東地方では埼玉県の行田《ぎょうだ》で釣針が量産されるようになった。また関西では京都で昔からつくられていたが、後には土佐や播磨でつくられることになる。そしてその釣針が初めは筆墨や茶の行商人に託されて行商されることになるのだが、後には釣針専門の行商人も出てくるのである。そして播磨の行商人たちは東北地方を除いて全国へ売り歩いている。それが専漁者ばかりでなく遊漁者を全国的にふやしていったのであって、江戸時代以前には釣糸をたれて魚を釣ることを楽しむというような風流人はほとんどいなかったのである。

印肉の仕替などで田舎まわりをするものはなかったが、京大阪にはそうした行商人もいたのである。

昔は古傘も買われた。こうもり傘の修繕屋は明治になって発達したものだが、唐傘は江戸時代に入って都会地で多く用いられるようになり、どこの家にも傘はあった。紙張で竹骨であるからいたみやすかった。その古傘を買い、骨を仕替え、紙を張替えてもう一度用いたのである。

機械が物をつくり出すのでなく、すべての物が人手でつくり出されたころには、物はすべて大切にされ、とくに金を出して買わねばならぬものを大事にした。いたんだからといって、すぐ店屋へ買いに行けるものでもなく、振売にくるものを待たねばならず、その行商も一年に一度来ればよいというようなものが多かった。針売・鼠取売・筆墨売・暦売・もぐさ売・銭さし売などは、一年に一度か多くて二度くらいやってきた。銭さしというのは、昔の一文銭は穴があいていたので細い藁縄の一方に節をつけ、それに銭をさして保存しておいたもので、商売する家ならば皆必要なもので、百姓たちがつくって正月ごろ町家を売り歩いたものであった。

付木《つけぎ》というのは木を薄くはいだものの先に硫黄をつけたもので、硫黄木ともいった。火種があって、これに硫黄のついた木をつけると発火する。マッチのないころには重要な点火用具であった。付木売や甘酒売は時折やってきたものである。

灰買も町家へやってきた。竈《かまど》の下にたまった灰を買いにきたもので、これは農家の肥料として売るのである。

こうして元手のたいしていらぬささやかな商売がいくつも発生し、財産を持たぬものがそうした仕事に従った。

◉小職の流し

ささやかな行商、そして今ほとんど見かけなくなったものに羅宇《らお》屋がある。羅宇とはキセルに用いる竹のことである。もとはタバコはキセルでよく吸ったものであった。キセルは雁首と吸口を金属にして、中間は竹を用いていた。この竹を羅宇というのは、もとラオス産の竹を用いたからであるといわれている。羅宇は普通長さ八寸。中の穴の大きいのが喜ばれた。タバコのヤニでつまりやすいからである。またよく裂けたりするもので羅宇を仕替えるのを商売にして歩いている者があった。大阪では箱を二つ天秤でかついで町や村を流して歩いているのを見

羅宇屋（「近世風俗志」）

かけたが、東京では車を引いて、湯気で笛をならしつつ歩いているのを見かけたことがある。羅宇を仕替えるというようなことも商売として成立ったのである。

そのほか相似たものに羽織の紐直し・錠前直し・いかけ屋・とぎ屋・下駄の歯入れ・鏡とぎなどがあった。錠前直しは『守貞漫稿』に絵が出ているけれども、われわれにはすでに記憶がない。いかけ屋もほとんど見かけなくなった。小さいフイゴを持って、家々の鍋釜のわれたものや穴のあいたものを直していった。村にはなくてはならない職の一つであった。とぎ屋も同様であった。ハサミ・カミソリ・ホウチョウをといで歩いたものである。この方は今も見かけることがあるが、もう前のように声をたてて歩くことはなく、一軒一軒を御用聞きのようにきいて歩いている。

下駄の歯入れも見かけなくなった。下駄が盛んにはかれたころには歯入れは重要な仕事であった。古下駄を集めてきて、古歯をはずして新しい歯をはめて、また家々に返してゆく。材料と鋸と鉋があればできる仕事であった。都会と田舎をとわず見かけたものであった。

鏡とぎというのは今ではすっかり見かけない。ガラスの鏡の出現する以前は、鏡は金属でつくられ、水銀の鍍金がしてあった。それが曇りやすいのでトノコでみがいたものである。

雪駄直しも今見かけなくなった。第一雪駄をはく者がいなくなった。これは皮細工をしている村から多く出てきた。京阪地方では「なおし、なおし」といって歩いたというが、大阪南部では「なおう」といって歩いていた。直す道具を肩にして声をたてて歩き、民家の軒下など借りてそこで直して仕事がすむとまた帰っていった。

いずれもきわめてささやかな仕事だが、農民や商家の者では上手に直せないような日用品が身辺に案外多く、それを直す商売が生れたのである。

こうした仲間は村に住んでいることは少なく、たいていは町の一隅にいて、そこから四方を歩きまわったのである。そしてそのような仕事にたずさわる者は村ならば田畑を持たぬもの、町ならば裏長屋で暮している者が多かった。

◉屎尿の処理

脅迫や哀願でなしに、こうしたささやかな行商が成立つようになっていったのは、それを必要とする者がしだいにふえたからであり、また自給中心では生きていけない都会生活が、しだいに発達してきたからである。都会生活では交換がたてまえであり、その生活に必要なものはすべて買わねばならなかったし、また不要なものの処理も他人に頼まねばならなかった。古傘、古下駄の処分から、竈の下の灰、さては屎尿の始末まで、自分の手ではどうすることもできなかった。

とくに屎尿の処理には苦心したものであった。庶民ならばどこで垂れ流してもよかった。その風習は今もいたるところに見られる。立小便などは至極あたりまえのこととされていた。絵巻物など見ていると、『餓鬼草紙』では空地のような所で脱糞放尿している。そのとき、皆高足駄をはいている。高足駄はそういう汚物のとばっちりを受けないようにするためにいたものだということを、しみじみ思わせるのである。少なくも今から八百年くらいまえの京都の庶民の家には、便所はなかったはずである。便所を閑所《かんしょ》という地方の広いのは大小便を空地で行なった名残を示すものであろう。ところが比叡山や高野山では、流れの上に小屋掛して下の流れに落すようにした。河屋《かわや》という言葉はこうして起ったものかと思う。比叡山から流れ出る川の水は、僧たちの屎尿が含まれているので経文を唱えているという話も、京都あたりではまことしやかに伝えられていたほどであった。

川のほとりの民家にも、このような便所はあった。谷崎潤一郎の『陰翳礼讃』の中に、大和上市《かみいち》の宿のそうした便所のことが書かれているが、私もまた大和山中で何カ所かそうした便所に出あったことがある。

便所らしい便所を絵巻物で見出すのは『慕帰絵』である。鎌倉時代の末ごろである。溜《たまり》をつくり小屋を建て、踏板の上にまたがって用便する。この場合には、汲取が必要になる。一カ所に溜めることは町を清潔にしたが、同時にその屎尿を必要とする仲間がふえて来つつあった。すなわち農家ではこれを肥料として田畑に使うようになったのである。それまで田畑の肥料は草肥や灰が多かった。が、下肥もしだいに用いられてくる。町民が溜をつくって用便するようになったのは、こうして汲取ってくれる者が現れたからであると思う。

この屎尿処理が見事に組織化されていたのは大阪であった。そして大阪にはそれについて幕末ごろのいろいろの文献も残されている。大阪平野ではナタネ・ワタ・野菜などの栽培が盛んで、多量の肥料を使った。そこで魚肥を買入れたり、市民の屎尿を汲取って、それを川やクリークを利用して肥舟で運んで自村へ持って帰って田畑に使用したのである。「野崎参りは屋形舟で参ろ」とうたわれた大阪から野崎にいたる寝屋《ねや》川などは、実は肥舟の往来のためにもっとも多く利用されたのである。そして戦前までは男二人で肥舟をあやつって川を上下するさまを毎日見かけたものであった。

　川のない所は牛車を使い、肥桶につめて運んだ。もうあの音を聞くこともなくなったが、朝早く何十台というほどの牛車が車輪をきしませながら、ほのぼの明けてゆく河内平野を大阪の町から村へと帰っていくのを、村の民家に泊めてもらっていてよく聞いたものであった。夜のうちにいって汲取って朝は帰っていったのである。

　そのころ、市役所のトラックもずいぶん運んでいたものであったが、古くからの縁のつながっている町家と農家との間では容易に絆が切れなかった。

　これはひとり大阪だけのことではなく、町と名のつく所には、大なり小なり同じような状況が見られた。ただ大阪や東京では屎尿を汲取るには町家に金を支払っていたが、地方の町では農家から米や野菜を持っていくのが普通であった。その米も餅米が多く、町家ではそれで正月餅も搗くことができた。大阪などでも昭和二〇年ごろまで、まだ農家から米をもらっていた町家があったが、それは町の周辺部でのことで、市内中央部では逆に汲取料を町家から取立てるようになっていた。

◉屎尿でつながれた町と村

屎尿が町と村を結んだ関係は大きかったので、もう少しのべてみたい。

屎尿のようにむさくるしいものを運ぶということは、昔からたいへんきらわれたことであった。といって、人家がたくさんできてくると、おのずから排泄されるものも多くなってくる。そして自分たちでは処置がしきれなくなるので農家を頼む。しかし新しく住みついた町民たちは郊外の農家ともなじみがうすい。

たとえば大阪を例にとると、大阪の北や東または南の方の摂津・河内・和泉などの農村に接した町はずれに住みついたものは、農家に頼んでまだ何とか処理ができたが、西の方の海に面した所に住みついた者は、郊外農家と連絡のつけようもなかったので、もとは肥舟をつくって海の沖へ捨てにいったものだという。すると漁師たちから文句が出る。漁師の眼を盗んで夜陰に捨てにいくようにしたが、それでも処分できなかった。ところが大阪の港区という所は岡山県・香川県から来ている人が多い。そこで郷里の百姓たちに頼んで屎尿を汲取りにきてもらうことにしていた。昭和二〇年、米軍の爆撃を受ける前に、港区に住んでいる香川県出身の者は十八万人にのぼっていたが、当時肥舟まで軍部に徴用され、屎尿の処理に困っていた。そこでやむなく海上へ放棄することを強行した。それまではともかく郷里の者たちが舟で屎尿の汲取りにやってきていたのである。

同じようなことは、東京にも見られた。山の手の方へは東京西郊の農家が馬に車を引かせて汲取りにきていたが、隅田川から東の町家密集地帯では、下総から汲取りにきたものが多かった。江東地区へは上総下総から出た者が多かった。その人たちの中には郷里の者に汲取りにきてもらっていた者が少なくなかったそうである。幸い江東地区も船の利用ができる。

野田市付近の農家で聞いた話では、昔は江戸川にのぞんだ流山《ながれやま》が肥舟の港で、百姓たちは仲間で肥舟を持っており、そこから江戸川を下ってクリークを利用して江東地区へゆき、郷里出身の町家の屎尿を汲取ってき、流山まで持ってくると、肥樽につめ、車に積んで馬に引かせて帰ってきたものだそうである。

後に屎尿汲取りの組合が会社組織になったとき、百姓たちは株主になり、会社から屎尿の配給を受けるようになる。そして直接汲取りにいくことはなくなったが、今でも江東地区とは深い関係があり、江東地区の町工場などに投資や融資を行なっている者も多く、また次三男をそこに働かせている者も多いという。

大阪の港区や東京の江東地区は幕末のころから新しく発達したところだから、そういう関係が見られるのであろうということになるが、こうした関係は、実は非常に古くから続いているのではないかと思われる。大阪府の堺は十四世紀の終りごろから発達しはじめた町で、もとは和泉・河内・摂津の三国の境にあったので、堺という名がついたといわれ、三国ケ丘などという地名も残っているが、後には市街地のすべてが和泉の国に編入される。そしてこの町は泉州人が主体になって建設されたものか、屎尿の汲取りは東南および南へかけての和泉の農民が主として行なっていた。ここでは牛車を使って汲取りにいっている。そして汲取り農家の分布している範囲から町家へ奉公する丁稚《でっち》・小僧・下女なども多く出ているのである。そしてもと三国の境にありつつも実質的には和泉の堺であったことをしみじみ知らされるのである。しかもこのような関係は、町のできたときから続いているものではなかろうか。

大阪や堺のような大きな町ばかりでなく、二百戸、三百戸の町でも、町家が百姓をしていなければ必ず付近の農家との間に屎尿汲取りによる密接な関係が結ばれていた。そしてそこにはいろいろの慣習があり、また紛争も見られたのである。そこでこの問題を、いろいろと調査をしてみたいと思いつつ、注意がほかの方へそれて何ほども進んでいない。

ところが戦後は金肥の発達にともなって農家が屎尿を肥料としてしだいに使わなくなり、地方の小さな町まで屎尿処理が重大な問題になってきている。

4 身売から出稼へ

◉人身売買の歴史

下北半島の話でふれたように、自給生活を主体にしにくい村では、村人が生きていくために、その労力を売るか、また生産したものを売るかして生活してゆかねばならず、しかもそこに村があれば村人はほぼ同じ仕事をしていることによって村をつくっていたともいえる。だからある村には大工が多く、ある村は杣人《そまびと》、ある村はマタギというように職業的にそれぞれ特色を持っていたわけであるが、これはひとり下北半島だけのことではなく、米をたくさんつくっている平野の村でも、北陸や東北の村は長い冬をもっていて、その間雪の中にいるとすれば蓑をつくったり縄をなったりするような仕事のほかは坐食するよりほかに方法がなかったから、少しでも生活を楽にするために雪のない地方に出稼したり、また行商したりする風習は早くから見られたのである。

否、出稼以前があった。人身売買がこれで、中世以前は人の売買はことのほか盛んだったようである。これは雪国のこととは限らず全国的に見られ、生活に困った者ばかりでなく、かどわかされた者、被占領地区の者なども多かった。いつの世にも労力を必要とする富者は方々にいて、そういう者が労力を買い集めた。厨子王と安寿姫の話はそうした中世の人身売買の片鱗を物語ってくれる。

中世にあって人が売買された数はかなり多かったものらしく、『信長記』の天正七年（一五七九）九月二八日の記事に、京都下京の門役をする者の女房が、多数の女たちをかどわかして堺港に売りとばしていた。これは女郎のようなものに売っていたものと思われるが、所司代村井長門守が調べてみたら、八十人ほども叩き売っていたことがわかった。こういう例は珍しくなかったのであろう。つい最近、公娼のゆるされていたころまで、遊女になるようなものの中にはだまされて売買されたものが少なくなかった。

また戦に敗れて被占領地区となったところの者を、奴隷として売買することも行なわれたようで、ルイス・フロイスの『日本史』にも見える。すなわち、薩摩の兵が豊後に攻め入ったとき、そこで捕えた人々を、羊か牛のように長崎県の高来郡まで連れていって三十人、四十人を一まとめにして売りとばした。多くは女と子供であった。しかしその値はきわめて安いものであった。

ヨーロッパには人身の売買はきわめて盛んであったが、日本にもそれが見られ、天文年間、ヨーロッパ人が来航するようになってから拍車をかけるにいたったと思われる。ポルトガルから渡ってきた商人が村々の子供をさらい、また買いつけ、それを東南アジア各地へ売ったのである。フロイスの著書に、永禄五年（一五六二）の春、ポルトガルの商人マヌエル・メンドサが豊後から薩摩の京泊へ向う途中、肥後の国で連れている日本奴隷の一群を奪われたことが見えている。この奴隷は薩摩の豪族に売るものであったか、国外に売るものであったか明らかでないが、外人に買いとられて海外に売られた人の数は多かったようで、ポルトガル国王は日本人奴隷の売買禁止令を三回も出している。

これは日本に人身売買の慣習があったので、それを利用してのことであると思われるが、とにかく一地域であまった人は売買によって処分したもので、対馬に多数残っている中世の郷士文書にも「人の売口買口《うりくちかいくち》」による利益を認められていた事がずいぶん見えている。

そして売買されたのは女や子供ばかりでなく、立派な学問のある僧までが、自分を売った例があった、また能登には凶作のために名主がやはり自分自身を隣村の庄屋へ売った文書が残っている。そして隣村の庄屋で下男奉公をしているのである。名主といえば今の村長にあたる。

◉子供を売る

このようにして売られていった者は、再び郷里に戻ることは少なかったようである。そしてこの人身売買は近世から現在まで尾を引いて続いてくる。貧しい世界では口へらしのためになかなか後をたたなかった。明治の終りごろまで、関東地方に多く見られた最上《もがみ》ッ子などもその一つで、山形県新庄地方は東北でも生活のレベルのとくに低いところであり、貧しい家では八、九歳から十歳すぎくらいの子供を、女衒《ぜげん》に売った。女衒というのは女を売買する者のことである。最上地方では主として五十歳前後の老女であった。それが買いとった子供の腰に縄をつけ何人というほど数珠つなぎにし、牛でも追うようにして、野越え山越え関東平野まで連れて来て農家に売りつけたのである。

数珠つなぎにしないまでも子供を売る風習は戦後にまで見られ、福島県会津山中の子供たちが関東平野に売られていたのが新聞で騒がれたこ

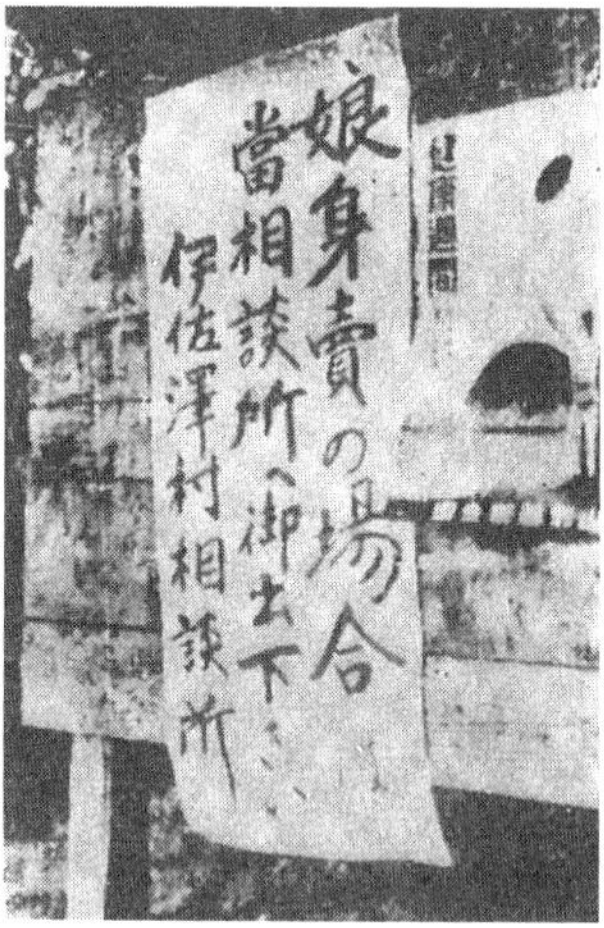

大正の大恐慌期に、農村では娘の売買が大っぴらに行なわれた。

とがあった。

そしてそういう例なら、いたるところにあった。庄屋などの古い文書を見ていると、必ず一通や二通の人身売買や質物奉公の証文を見出すものである。質物奉公というのは人に金を借りて、質草のないとき子供なり女房なりを相手の家に奉公させるものである。

人を売るというのはよくよくのことで、その多く売られたのは子供であった。八、九歳から二十歳までの間を、僅かばかりの金額で売買したものである。私も終戦後秋田県の山中でそういう話をもちかけられたことがあった。十五、六歳の女の子で、当時一万五千円が相場だということであった。貧しさのゆえに、他に売るものがなければ人でも売らなければならなかったのであるが、そうした中にあって一番根強く残ったのは、女の子を売ることであった。それが公娼の制度を長く残させた。しかも凶作のあったときなどに多く売られたのである。

このようなことはほとんど記録に残らない。しかしその数はずいぶん大きいものであろうと思うことは、昭和一二年、岩手県九戸《くのへ》郡晴山村（現在軽米《かるまい》町）で聞いたことに、昭和九年の凶作のとき二十七人の娘が売られたという。数は明らかではなかったが、その他の村でも当時おびただしい娘が売られていったという。

このようなことは東北の例を引くまでもなく、どこでも見られたのである。ただ名目が変っていた。関西地方では前借の形式をとった。つまり質物奉仕と同じである。三年、五年の年期をきって、その間の給金を前もって借りるのである。しかしその金は娘の手に渡るのではなくて、親の手に渡るということで、実質的には人身売買であった。こうした場合にも世話をする老女がおり、これを人博労などといった。

明治大正時代の紡績や製糸の女工なども、こうした前借で工場に雇われた者が多く、そうしたシステムの中から日本の繊維産業は発達していったとも見られる。

◉行商・出稼の村

出稼はこうした人身売買についであらわれた雇傭の形式であった。人身売買や質物（前借）奉公が、一年ないし数年の間、身柄を拘束されて主人のために働かなければならなかったのに対して、出稼の方は一年のうちのある期間を自家をはなれて稼ぐもので、質物年期奉公に見られるような強い身柄の拘束はない。

そしてこれには二つの流れがあった。一つは行商による出稼である。今一つは雇われ出稼である。

日本の商業は行商から発達していったといってもいい。しかも行商者は群をなして住んでいた。近江商人はことにその名を知られているが、古い文書を残す近江蒲生郡得珍保の場合について見ると、行商人の出たのは今堀・中野・蛇溝などであり、今堀の場合は三十四名が行商を営んでいた。

また山城の山科郷なども多数の行商人がいた。ここは山科家の所領であり、その家の日記にいろいろ見えているが、『言国卿記《ときくにきょうき》』によると、文明九年（一四七七）十二月九日に、その領内の村々の村民に五百二十九枚の商人札を出している。その札を村別に見ると、野村七十、西山七十一、なきの辻三十、花山四十四、陵六十、厨子奥三十、大宅五十八、大塚二十五、小山三十五、広小路十四、四宮二十二、安祥寺三十一、音羽竹鼻四十二となっている。当時、村在住者のほとんどが札を受けていたのではないかと思われ、各村こぞって行商に出たことが推察されるのである。これらの村は今は京都のベッドタウンとしておびただしい民家がたちならんでいるが、大正時代までは静かで平和な農村であった。そしてこれという特産のあったわけでもない。したがって京都あたりでできた商品を持ちあるいたか、あるいは地方で生産されたものを京都へ持ち運んだか明らかではないが、農業のかたわら行商を行なったのである。

京都の西南の大山崎離宮八幡の神人たちは、荏油《えのあぶら》を行商して歩いたが、この油は大山崎で生産されたものであった。そして、西は備前から讃岐、東は美濃あたりまでを売り歩いたのである。大山崎の住民のほとんどはこうした行商にしたがっていたと考えられる。おそらく京都を中心にしてこうした村が無数にあったのではなかろうか。それも村々によって行商の商品に特色があったはずである。兵庫県多可郡などは、京都から山中を播磨の加古川へ出る最短路になっていて、その途中にいくつもの行商村があったようで、この山中で釣針の製造の盛んになったのも、古くからの行商のルートにこれをのせることができたからである。この山中の人々によってはさきにも書いたように、筆・墨・茶・小間物などが多く商われたのである。そして行商が村全体の仕事であったことは庄屋も小作人も区別なしに行商に出ていることで察せられるのである。

播磨に限らず大阪でも、勝間《こつま》商人の名はつい近ごろまでずいぶん知られていた。広く近畿・中部・中国地方の山間部に反物その他の行商を行なっている。大和平野南部の薬の行商も早くから知られていた。

ただこうした中央に近い行商人の村々は、経済事情の変化が激しくて、今日では行商はほとんど消えてしまっているが、地方には長くその風習が残ったのである。富山の薬売り、越後の毒消売りなど、福井県早瀬の千歯こきの行商、さらに越前鎌・播州鎌・信州鎌なども行商によって地方の名産になっていった。

行商に出かける人々はたいてい仲間を組み、仲間は恵比須講や太子講などをつくってお互いに親睦をはかった。講仲間は旅に出る前に集っていろいろの取りきめを行ない、製造元や問屋から商品を受けてそれぞれ得意先の村へ出かけていく。

◉越後の毒消売り

越後の毒消売りを見ると、西蒲原郡浦浜村（現、巻町）角海浜の称名寺（真宗）でつくったのが最初であるといわれている。初めは寺のみでつくっていたものを、後に篤信檀徒一代限り製造を許すということになって、民家でもつくるようになる。民家といっても付近の医者たちであった。そしてそれを村の娘たちに行商させ、しだいに販路がひろがっていったのだが、一旦、権利をもつと製造家たちは一代限りどころか、皆世襲していったのである。

今、毒消しをつくっている角田浜・角海浜・越前浜などは、いずれも日本海に面した漁村で、漁獲が減ってくるにつれて、製塩に力を注ぐようになってきた。製塩といっても瀬戸内海地方に見られるような入浜ではなく、揚浜・自然浜であった。能率の上らない上に人手が多くかかる。その人手をおぎなうために背後の農村から貧乏な家の子や親のない子をもらってきて育て、家の仕事を助けさせた。これをこの地方ではスケゴといった。スケゴには男の子も女の子もあり、男の方は漁業の手伝、女の方は家事の手伝、夏は塩浜働き、ワカメ売りなどさせた。日本の海岸地方のどこにも見られた風習の一つであり、年ごろになると女の子は嫁にやり、男の子には嫁をもらって分家させたり養子にやったりする。中には生れた村へ帰っていく者もあった。

ところが、明治四三年に塩専売制度がしかれると、能率のあがらぬこの地の塩浜は廃止の運命にあって、人手があまるようなことになった。男の方は大工・石工などになったが、女の方はワカメ売りと同時に毒消しも持って歩くようになった。

北陸の行商は冬の雪の降っている間の暇な時を利用して行なわれたものであるが、ここでは逆に五月から十月までに行なわれるのが他の地方の出稼と変っている。それはその時期に一番労力を必要とした製塩業が止んだため、その時期の労力が浮いたことにある。

そして越後から出た人たちのいるところを頼って、しだいに販路をひろげていったのである。行商の歴史は新しいけれども、他の地方の古い行商の発展とほとんど変ったところはない。ただ中部地方以東が主であることと、女が売りひろめていったことに特色がある。愛媛県松前や徳島県阿部の女の行商についてはさきにも少しふれたが、薬が地元でつくられ、それが売られるのであるから、松前や阿部などよりは販売網が組織的になる。そしてそれぞれの浜の得意先があって、しだいに販路をひろげていったが、昔とちがって汽車の発達してきたおかげで、それぞれの消費地へゆくとまず宿を定め、そこを中心にして売り歩き品物がなくなると、地元から送ってもらう。そして毒消しだけでなく、小間物や越後産の刃物まで売り歩くようになった。

絣の着物を着、赤い襷をかけた素朴な姿が人の心をひいて、村々に店の発達する以前、すなわち大正時代から昭和の初めまでは実によく売れた。ただ遠方行商になるのでどうしても男がついて行かなければならぬ。まだ結婚していない娘が多いので男は一人、親方として娘たちを監督する。そして二、三十人が一団となって出かけていく。娘たちの中で年上の者が師匠になり、若い者に商売の仕方を教える。二、三年仕込まれると一人で商売できるようになる。しかし一人前になっても親方にひきいられて団体を組んで行商することに変りはない。親方は娘たちから売上げの分金をとる者と、娘たちを賃で雇う者とがあった。これは商品をどちらが持つかできまるわけである。明治後期以来盛んになった行商だけに、富山や大和とちがった団体組織が見られたわけであり、後に製薬業者たちが合同して新潟県製薬株式会社をつくり、富山と同じような置薬形式をとることになって毒消売り娘の姿は見かけられなくなった。

このようにして、それぞれの地方で行商が起り、栄え、また衰えていったのである。

総武線で見かけるかつぎ屋のおばさんたち

しかも行商は初め京都を中心にして発達し、しだいに地方に拠点を持つ行商が見られるようになっていく。そしてそのような伝統は容易に消えないのである。

◉かつぎ屋

村に売るべき品物のある場合はよい。品物のないときは、他で仕入れて売り歩くことも見られた。そのような行商の盛んになったのは戦中から戦後にかけてである。

戦争が激しくなって、消費物資のきびしい統制が行なわれ、配給制度が実施された。しかし配給された物資だけでは到底満足するようなものは手に入らなかった。どうにか生きていくためには配給外の物資に頼らなければならなかった。配給以外の物資はいわゆる闇物資の名で呼ばれ、それを取扱うものを闇屋といった。闇物資は配給物資よりはるかに高かったが、警察の眼などごまかして消費者に売りつけるまでには多くの危険があり、初めのうちはいわゆるヤクザ仲間でなければ容易に手の出せるものではなかった。そしてそのヤクザたちの手先になって女が働いた。女であれば警察も比較的寛大であった。

そして闇屋の手先になって買出しにいく仲間を普通かつぎ屋といった。農家の庭先までいって米・野菜その他の食料品など買い求めて町へ運んで売る。闇屋に売る者もある。あるいはまた海岸地方から魚を仕入れて、山間の農家へ売り歩くこともある。

このような行商は東京から東の地方に盛んである。そして米以外のものの配給統制がとかれても、なおこの関係は続いている。

朝の上野駅で下車すると、大きな風呂敷包を背負った女たちの群に眼を見張る。それはおびただしい数にのぼり、その荷を背負って町の朝霧の中に消えていく。高崎線・常磐線・総武線などにつながる田舎から出て来た人々である。米・野菜・卵・餅など注文すれば何でも持ってきてくれる。

東京上野のアメヤ横町。ここで品物を仕入れて、地方へかついで行くおばさんたちは多い。

最近こうしたかつぎ屋は中間商人的なものではなく、農家の主婦が多くなった。自分の家でつくったものを一番有利に売ることはこうして他人を間におかないで直接販売することである。そしてその利潤の蓄積によって小型軽四輪車を買って、品物も大量に持ってきて効果をあげはじめているものも少なくない。

戦前下総台地で生産された野菜類は、神田市場や江東市場へ運ばれたものであった。夜まだ明けぬ京葉国道を、野菜を積んだ馬車がはてしなく続いて通るのを見たことがあった。そのころは市場を経由して野菜は町家の台所へ届けられたのであった。そして今もそのシステムは変っていないが、それとは別に昔の行商形式が生かされてきたことは、やはり長い伝統にもとづくものであろう。

東京から北、とくに東北地方ではこの現象が逆になり、都会で仕入れたものを農村へ持ち運んでいる。形式としてはもっとも古い行商である。農家が散在しているところではこのような行商はなお容易に消えないであろう。

行商者たちは組合をつくりお互いに自制してもう闇屋時代のおもかげはなく、むしろさらにそれ以前の姿にかえっているといえる。

◉女の出稼

売るべき商品がなく、また行商に好適な条件を持たないところでは、自分の持つ労働力を他に出かけていって売るよりほかに方法がない。

出稼が発達したについてはいろいろの条件があり理由があった。その初めは人身売買が主であったことは前述の通りであるが、家を持ち、田畑を持ち、曲りなりにも生計を営んでいる者なら、身は売らなくてもすむ。ただあまった労力を売ればよい。

一方その労力の買い手が出てきたのは、それだけまた産業が起ってきたためであった。

そしてそこにもここにも人手の不足するような時期が、一年のうちに何度かあったのである。

農家にしても、田植・稲刈には人手がたくさんいる。それがほとんど時期をひとしくしてくるので、農家では労力の調達に苦労する。そこで早く農作業の終った所や漁村などから人を雇い入れる。

三重県志摩の海岸地方は、昔から水田が少なく漁業が主であった。そこで女たちは春になって新茶の芽が出ると山家へ茶をつみにゆき、五月になると戻ってきて村の祭りをすまし、それから水田地帯へ田植に雇われてゆく。三重県北部から濃尾平野・大和盆地などへも出かけていった。二十日から三十日の稼ぎであった。それから戻って秋まではアワビをとり、畑仕事に精出す。稲が色づいてアワビとりが終ると、稲刈にまた出かけていく。毎年それをくりかえしたのである。

伊豆の海岸・房総の海岸の女たちも、米どころへの出稼に行っている。伊豆西岸の女たちは駿河湾沿岸の水田の田植をすますと山梨県あたりまで田を植えて歩いて郷里へ帰って来た。

大阪平野で棉作の盛んだったころには、淡路島や小豆島の女たちが夏になると棉実をつみにやって来た。農家の納屋に座をつけてもらって、そこで寝泊りして働いた。賃はたいてい米一升であった。そして米をもって郷里へ帰ったのである。

山口県大島なども米の不足した所で、早くから女の出稼が見られた。夏は岩国の新開地へ棉実つみに出かけ、秋になると、県内の各地へ稲刈の手伝いにいった。これを秋仕奉公といった。三田尻のあたりの稲を刈りはじめて、だんだん奥地へゆき、山中の稲刈をすまして戻ってくるともう正月が来ていたという。それでも四十日働いて米一俵を持って帰ればよい正月ができたのである。

山口県豊北《ほうほく》町滝部《たきべ》には昔から奉公市というのがあった。滝部から海岸へ出た所に特牛《こっとい》という港があり、その沖に角島が浮んでいる。付近はよい漁場で島には漁家が多いが、田畑は狭い。そこで島の娘たちは春になると滝部まで出て、そこへやって来た農家の人たちと話しあいをして奉公の取決めをした。たいてい半年、長くて一年契約する者もあった。働きを終ると給金をもらって帰る者もあるが、米をもらって帰る者もあった。

このような例をあげてゆけばいくらでもある。福岡県玄海町田島にも女中市というのがあった。沖にある大島や地ノ島の人たちが、田島に祭られている宗像神社の祭礼にやってきて、同じ祭りに参っている農民たちと雇傭の契約を結んだのである。

このような出稼は、適した条件さえあれば自然に起ってくるもので、北海道西岸海上にある天売《てうり》島・焼尻《やぎしり》島などでも島でニシンがとれなくなり、もうけが少なくなり、一方石狩平野の米の生産が上ってくるにつれて、女たちは石狩平野へ田植や稲刈に雇われてくるようになったという。終戦後の現象なのである。

島や海岸からばかりでなく山間地方の女が平野の稲作地帯へ雇われて田植や稲刈にゆく風景は各地に見られる。自分の村のうちだけの働きで生活が建てられなければ他所へえてきた。忙しくもあり辛くもあるが、それでも身を売るよりはましであった。

出て働くより方法がないのだが、とにかく、江戸時代以降はそういう機会がだんだんふ

◉都会の人足

「頼まれれば越後からでも米搗きに」という言葉があるが、都会が発達し、そこに集った人たちが米を食い、それを白米にしなければならないとすれば、今のように精米機があればともかく、人力で精白にするにはたいへんな労力が必要であった。その米搗きのために江戸へは上州・信州・越後などからたくさんの農民がやってきた。そして米屋に雇われて米を搗いた。米を搗くには唐臼を用いた。大きな臼に米一俵を入れ、台の上に上って杵の一端を足で踏みあげ、杵で臼の中の米を搗く。一日で一石搗ければよいとされたもので、朝から晩まで搗くと晩には足が棒のようになった。

人口がふえ江戸市民が百万をこえると、米の消費量は百万石をこえる。一人が一日に一石ずつ搗いて一年中休まないとしても、一年には三百六十石、すると三千人の人がいなければ百万石の米は搗けないことになる。実際には年中搗き続けられるものではないのだから、米搗人足だけでも江戸に五千人や六千人は必要であっただろう。

上方の場合は、もっと多くの米搗人足を必要とした。京都・大坂・堺をあわせて江戸よりは人口も少なかったと思われるが、酒蔵が多くて酒米だけでも一年に百万石以上を白米にしなければならぬ。精白にする米の量は江戸の二倍にものぼったであろう。これらの米搗人足は丹波・丹後・播磨・但馬・備前・讃岐・淡路・紀伊などから出てきた。

米搗人足には町に飯場があって、そこへ米屋・酒屋・餅屋などから人足の注文に来る。人足のことを大坂では飯台子《はんだいこ》といった。注文があると、旦那は飯台子を注文した家へ差向ける。一日稼ぐと一日ごとに賃が出る。旦那に飯料の支払いをしたあとは自分のもので、風呂へいったり、時には安い淫売女を買うこともあったというが、たいていの者はその金をためて、農繁期になると郷里へ帰っていった。

米搗きだけでも何千何万という出稼人を必要としたのである。そのほかに冬の火の用心番・掃除人夫から薪割り・普請手伝・商家の出前・風呂屋などまで含めると、とにかくおびただしい人夫がいなければ町家の運営はできなかったものである。

そしてそれらの出稼人足は何らかの縁故を頼って都会へやってくる。そこでおのずから一つの村の出稼先が一定してくるようなことになる。東京の風呂屋の三助は能登からたくさん出ている。明治になって急増したというが、江戸時代にすでにたくさん出ていた。そして江戸で金をためた仲間で郷里の寺へ梵鐘を寄付した記録なども残っている。左官も能登からたくさん出ている。これは百姓ではなく、鋳物師の人夫で、夏は鋳物ができないので、その間、江戸へ出て左官をやり、冬になると帰って鋳物の仕事をしたという。

越後からは大工がたくさん江戸へ出た。また夜の火の用心番などもこの地方の人が多かった。年老いた男が番小屋で一人暮しをし、寒い夜空を提灯を下げて見まわる。いかにもうらぶれてわびしいが、聞けば郷里では大きな屋敷を構え倉を持ち、名主も勤めた男だという。江戸と田舎とではそれほど暮しに開きがあるのかといった記事を読んだ記憶がある。

江戸のはしけ（端舟）乗りはもとは房州から木更津《きさらづ》あたりの者が多かったというが、後には愛知県佐久島からたくさん出ている。何百人というほどの人が出て来て端舟に乗って稼いだ。このほうは農閑期稼ぎではなく次三男が主で後にはしだいに定住してくることになる。

同様な現象は大なり小なりすべての町に見られたのである。都会を中心にした手工業もこうした人たちによって発達していったのである。

またこうした人たちを町へ受入れるための口入屋《くちいれや》も、もとはずいぶんたくさん見られた。縁故を頼るだけではすまないほど都会での下級労働者の需要はふえてきたのである。

◉杜氏

季節的な出稼の中で全国的に見られたのは、酒造の人夫であった。酒造の人夫は普通蔵人と呼ばれ、その長を杜氏《とうじ》といった。酒は『延喜式』によれば造酒司《みきのつかさ》がおかれているが、一般民間では各自の家に酒甕を持ち濁酒がつくられていたものであろう。しかしそのような酒はできも悪く、たいていは半ば酸化したようなものではなかったかと思われる。

その酒が三度仕込みなどという新しい醸造法によって味もよく香も高い酒になってくるのは十五世紀ごろからのことであった。しかしそのころまでは土甕に酒をかもしたも

江戸時代の伊丹で働く杜氏たち（「山海名産図会」）

ので、容量も一石程度にすぎなかったが、竹のたがをはめて作る大桶が発明されて、何十石も入るような容器ができて、にわかに自家醸造から、醸造場をもち人夫を使った大規模な醸造が盛んになってくる。

その初めは、摂津の池田・伊丹・灘地方に起り、堺・伏見・備後三原などと各地に醸造が発達し、酒の消費もぐんぐんふえてくる。しかも江戸ではよい酒ができなかったので、ほとんど上方から送られた。はじめは馬の背につけて東海道を長道中を続けて運んだのであるが、それでもなお大きな利益をあげたというのであるから、清酒がどのように歓迎されたかを知ることができる。

後には船で江戸へ送るようになった。江戸ばかりでなく日本海沿岸の港へも送られたもので、明治時代には北海道北端にまで及んでいる。かつて北海道天《て》塩《しお》に在住する人から、自分の家はもと兵庫県西宮の酒屋であり、酒船で北海道へ来ていたことから定住するようになったという手紙や史料をいただいた事があるが、上方の酒はこうして船によって全国に送られたのである。

その酒をつくるために、多くの農民が動員された。たいていは山中か島の農民で、農閑期――秋の取入がすむと、杜氏につれられて酒蔵へ出かけていった。池田・伊丹や西宮の酒造に働いた蔵人たちは、初めは酒造地のごく近くの農民であったが、後にはだんだん山地へ入っていって丹波の柏原地方から大量に出かけるようになる。これが丹波杜氏である。普通一蔵十八人で作業をする。仕事がしやすいために杜氏は身内や親戚の者を雇って連れてくるのが普通である。そしてそれぞれの土地の名を冠して○○杜氏といったものである。伏見あたりへ来たのは越前杜氏であったが、その越前にも糠杜氏・棗《なつめ》杜氏《とうじ》・大野杜氏などがあった。大野は山中であり糠と棗は海岸であった。

近代化された現代の灘における杜氏

瀬戸内海地方にも杜氏は多かった。山口県の祝島・室積、愛媛県の越智大島・伯方島など島によい杜氏が見られた。九州でも長崎県五島の六島《むしま》はよい杜氏の産地であった。島の人が結束が固くてよい酒がつくられたという。そのほかの地方について見ても、海岸地方を杜氏の出身地としている所が少なくない。

山中から出て来たものは前述の丹波杜氏をはじめ、兵庫県の母子《もうし》・宍粟《しそう》郡・美方《みかた》郡・城崎《きのさき》郡もよい杜氏を出し、城崎からは伏見へ多く出た。

北陸地方も越前のほかに能登・越後などに杜氏の村が見られた。能登は能登半島の突端に近い上戸《うわど》（珠洲《すず》市）が中心であった。そこに甚三郎という者がいて、明和三年（一七六六）、近江八幡へ出て〝能登屋〟という出稼部屋をはじめた。そして主として酒造人夫の世話をしたのである。そのころ酒造地では人夫が大いに不足していた。この人夫はただの人夫ではなく、技術を必要とした。したがって新しい酒造家は技術をもった労働者を必要とし、よい技術者を雇うことができれば酒造業はそれだけで成功したものである。ここの杜氏は美濃・尾張の方へ出稼した。

越後は高田付近が杜氏の産地で、ここから関東平野に出稼にゆくものが多かった。そしてそれぞれの地で酒造業者になったものも少なくなかった。岩手県の志和などもすぐれた杜氏の産地として知られていたのである。

◉熊野の杣人

一人一人が出ていくのでなく、村人がかたまって出て行くような出稼も、早くから見られたものである。それはその初めは単なる出稼ではなく、集団移動していたものが、ある一カ所に定住するようになって後、その定住した所だけでは生活がたち難いためにより広い生産領域をもとめて移動し、そこでの仕事が終ると、またもとの所へ戻ってくる、いわゆる回帰性移動の一種と見られるものであろう。そしてそれに類するような出稼はもときわめて盛んだったのである。

たとえば熊野の杣人《そまびと》などは、実によく方々へ出稼にいっている。熊野山中は昔からすばらしい天然杉の産地で、それを伐り出す杣人の群がいた。古代から見られた熊野船はそうした材を用いてつくられたものであろう。

もとはどんな大きな木でもマサカリ一本で伐ったものである。それを木挽が段切し、さらに板にしたのである。板にしないものはヒョウが山から谷川まで鳶口一つで落してゆく。材木のうんとたくさんあるときは、シュラを組んでその上をすべらせる。シュラは材木を溝のようにならべたものであるが、これにはなかなかむずかしい技術が必要で、何百本という材木を落しすべらせてもシュラがくずれるようなことがあってはならぬ。さて川に落すと、その川が広いものであればそこで筏《いかだ》を組む。杣《そま》・木挽・ヒョウ・筏師《いかだし》はそれぞれ別々に仲間を組んでいたものであり、またこれだけの仲間がいないと木を伐って海岸まで出すことはできなかったが、それではこれらの人が一村の者で組織できるかというと、そうはいかなかった。木挽は木挽、ヒョウはヒョウ、杣は杣でそれぞれ出自の村がちがっていたものである。

杣は熊野と木曾がすぐれていた。木を伐ることにかけて、熊野の人におよぶものはなかった。どのように大きな木でも見事に伐り倒したものであった。その熊野の杣人たちは、熊野ばかりでなく、杉のあるところならどこまでも出かけて行って伐った。四国も

熊野川の筏師

九州も、山深い杉の天然林のある所へいって聞いて見ると、たいてい、その初めは、熊野の者が来て伐ったという口碑が残っている。そして土地によっては、小さい熊野権現の祠も残っている。

　鹿児島県屋久島の屋久杉を伐りはじめたのも熊野の杣であった。彼らは南の方ばかりでなく、北は秋田地方へまで稼ぎに行っている。全く伐木専門で歩いたのである。

　ヒョウはまたヒョウの村があった。たいていは山奥にあった。村の中に筏を組むほどの川のないところの者が、多くこの仕事にしたがった。熊野でいえば田辺の東奥、本宮《ほんぐう》へ越える道に沿った村々や本宮付近に多かった、伐った木を川まで落し、さらにその木を筏の組める所まで一本流しする作業は山仕事の中でも一番辛いものであった。こうした作業はほとんど冬行なわれる。流している木が岩などにかかっておれば、川の中へ入ってはずさねばならぬ。寒さをいとってはいられない。法被を着、股引をはき、足半・草履をつっかけて鳶口を持ち、岩から岩をわたり歩いて材木を流す。

木挽（「人倫訓蒙図彙」）

　筏師はヒョウの出る村から出ることもあった。この方も、大きな筏をあやつりつつ川を下るには一方ならぬ苦心が必要であった。熊野川の筏師たちは各地で杉伐採林業が盛んになるにつれて、雇われて方々へいった。そして、明治の終りごろになると朝鮮と満洲の国境にある鴨緑江あたりまで出かけていった。名高い鴨緑江節も熊野の筏師たちがうたい出したもので、その記憶を持っている老人は熊野山中には今もたくさん残っている。

木挽は必ずしも山中に多かったとはいえない。むしろ海岸地方に多かった。天竜川中流を働き場にした木挽は、遠江掛塚の者が多かった。掛塚木挽はもとは船材を挽いていたのであるが、山中でも板を挽くようになったのであろう。山口県大島なども木挽の産地で、四国の山中で多く働いたが、やはり海岸で船材にする板を挽いていた者が山中で稼ぐようになったものと思われる。

◉樽丸師

近江の琵琶湖の東岸山中から出た古い杣人たちは、木を伐り倒し、さらにそれで椀や盆や杓子のようなものをつくって歩き、木地屋の名で全国に分布していったが、熊野を中心にしたものは伐木を主とし、その木も木地屋のように広葉樹を利用するのではなくて針葉樹であり、仕事は大ざっぱなものであった。そして仕事そのものも早く片付くので転々として移動していった。

その上、各地で伐採林業が盛んになると地元の人も技術を身につけて杣仕事に精出すようになる。木曾谷も古くからの林業地で、ここにも杣がいたが、むしろ杣のほんとに多かったのは美濃で、美濃の杣たちは木曾ばかりでなく、天竜川筋にも進出し、西の方は山口県あたりまで出かけていっている。

木地屋の方は、良材をもとめて勝手に山の中を歩きまわり、よい場所を見つけるとそこに小屋掛して何年か定住するのだが、杣の方は伐採事業をする者から雇われる。まったくの賃労働である。

杣にかぎらず、ヒョウも木挽もすべて賃仕事であった。賃仕事が成立つようになったので移住ではなく出稼が可能になったともいえる。そして東北地方の秋田県や山形県で杉伐採が盛んに行なわれるようになると、そこへも熊野の者が雇われていっているが、幕末のころになると逆に秋田・山形の者が新潟や群馬方面の山中へ雇われてきて仕事をしはじめている。新しい杣の村が東北地方にいくつも成立してきたからである。この仲間は、明治になって北海道が開けはじめると製紙会社などに雇われて北海道へ働きにゆく。

新しい杣はマサカリで木を伐り倒すのではなく、鋸を用いるようになっていた。そこで木挽も杣人として登場することになる。下北半島の木挽の村など明治後期になるとパルプ材伐採のために大挙して出かけていくようになっている。

杉は柱や板のような建築用材としてのみ利用したのではない。近世に入ると桶や樽の材料として利用されるようになる。京都・大阪・堺・池田・伊丹・灘五郷などで盛んに酒がつくられるようになると、そこにはおびただしい酒桶や酒樽を必要とした。酒の大量輸送はすべて樽によったのである。その樽材は吉野熊野の山中で求めた。樽板にする良材が多かった。

樽板のことを樽丸と呼び、樽丸をつくる者を樽丸師とも伊丹職ともいった。樽丸は伊丹地方で最初用いられはじめたからであろう。樽丸師は新しい職業で、最初はこの山中で杓子木地や曲物桶をつくっていた木地屋たちがこれに参加していたが、それだけでは到底及ばず、阿波（徳島県）の者が多く参加するようになった。どうして阿波の者が樽丸師になったかは不明である。

今一つは、広島県坂町付近の人が熊野へ働きにゆくようになる。坂町は海岸だが、その背後に熊野・熊野跡などという所があるから、古くから熊野地方と深い関係のあったところと思われる。そしてこの地方の人たちは樽丸師として働いたばかりでなく女たちを連れていってその樽丸を運搬させた。樽丸は筏で流すわけにはいかぬ。一荷一荷を人の背で運ばねばならぬ。道が悪いので牛馬を使うこともできない。それらのものを背負って牛や馬の通う高野山、富貴辻などというところまで出て、牛馬の背につけたのである。これはたいへんな労働であった。今日もくる日も急傾斜の道を荷を背負って歩かねばならなかった。飛騨や越前地方のボッカと違うところは大きな群をなして荷を運んだことである。昭和一四年にこの山中を歩いたとき、まだこの群を見かけることができた。そのころはすでに谷底に自動車道が通っていてそこまで運べばよかったのだが、一団二十人ほどの女たちが、それぞれ樽丸を背負っており、四十歳あまりの男が宰領としてついていた。いずれも二十歳前後の娘で、広島県の熊野から来たとのことであった。親も、祖母も、そのまた母たちもずっとこの山中へ樽丸を背負いに来ていたものだと荷宰領の男は話していたが、もとは何百人というほどの人が百姓仕事の暇なときをねらってやってきて働いたものだという。

険阻で不便な山中にも、こうして激しい生活があった。しかも樽丸運びは広島の娘たちばかりでなく地元の女もこれにしたがい、また紀伊・和泉の山中などからも働きに来ていたというから、もとは何千という人がその山坂をのぼったり下りたりして行き来していたのであろう。それに高野山から大峯・熊野へゆく道者の群もいて、この山中はそれほどさびしくなかった。

第3章　都会と職業

1　手　職

◉町の発達と職人

今まで長々とのべてきた――日本という国は全般的に見て、気候風土の上からも自給生活の成立しやすい国で、村々は農業を中心にして自給自営を主体に生きついでき、発展してきたものが多かったのであるが、それだけではすまなくて、村には若干の専門職をおいて自分たちでできない仕事を処理させ、また不足の物資は交易によって補った。

一方、国の端々や山中・海岸には、初めから自給の成立たない村があり、そこには交易が必要であるとともに、そういう村の人たちが交易事業に主として携わるようになっていった。その交易のための輸送機関として、陸路でもっとも重要な役割を果したのが牛馬であった。

一方、自給の成立たない村があったばかりでなく、貧しさのために村から脱落して流離の民となり、僅かばかりの芸能や信仰を頼りにして生きていく者が多かった。そういうものの中から行商が発達してくる。

一方、自給を主としている村でも、そこに定住しているだけでは生活のたちにくい場合が多い。ことに人口の増加が生活を圧迫することは多かった。その処理の仕方として、女や子供を売るということが盛んに行なわれた。売られたものは再び郷里へかえることは少なかった。

村に多少の物産があり、それが他地方で消費される見込みがたてば、人々は身を売らないでその物産を売って歩く行商を始める、しかしその土地に売るものもない場合には、労力だけを売る出稼が発達してくる、それには労力を必要とする世界が一方になければならぬ、というようなことであった。そして農業以外の職業は、だいたい農業を軸にして発達したといってよかったのである。

だが、そうした農村社会とは別に、都市社会が一方に育ちつつあった。日本ではその都市の発達は明治の初めまではきわめて微々たるものであった。

その中で、中世に名を知られたものは奈良や京都・鎌倉のように政治の中心地として発達したものもあり、社寺の門前町として発達した山田・善光寺・出雲大社・宇佐・坂本・貝塚のような町があり、また港として発展してきたものに堺・兵庫・博多・尾道・敦賀・大津・伊勢大湊などがあり、陸上交通の宿駅として備前福岡・伊豆三島などがあった。そしてそれらの町も政治的な町や港町をのぞいては、皆細々としたもので町の文化が農村を支配するようなものではなかった。町らしい町の発達してくるのは、江戸時代に入って新しい封建制が確立してからのことであった。それすら江戸・京都・大坂を除いて、人口十万をこえる町はなかったのである。

しかしそこでは交易を中心にした生活が行なわれ、自分たちの生活が交易によって成立っているばかりでなく、やがて自分たちを含めたその周囲の世界の交易経済の実権をもにぎるようになってくる。

◉手職の発達

そしてそこに住む人たちは、百姓のように一人で耕作から調製、あるいは衣類をつくったり家を建てたり、あらゆることをやるのではなく、一つのことだけをやっていった。そういうものを家職《かしょく》といったが、家職が成立つには自分のつくったものが売物にならなければならなかった。そういう家職が、しだいに家職らしいものになりはじめたのは、鎌倉時代のころからではなかったかと思われる。そのころから同じような仲間が集って座を作っている。

建保二年（一二一四）秋に、そうした職人たちが東北院《とうほくいん》に集って歌合せをしたという趣向を絵にした『東北院職人歌合絵巻』によると、そこに登場する職人は、医師・鍛冶屋・刀磨・巫女・海人・陰陽師・番匠・鋳物師・博打《ばくちうち》・買人《あきびと》である。当時、職人といわれたものは、今日とはかなりちがったものであったことがわかる。巫女や医師や買人まで職人と考えられていたのである。

室町時代にできた『三十二番職人歌合絵巻』にも、千秋万歳法師・絵解・獅子舞・猿ひき・うぐいす飼・桂の女・高野聖・巡礼・かね叩き・胸叩きなども入っており、職人というのはここでは門付する者の一切であり、それらが職業化していたことによって職人として取扱ったのであろう。

その後、一般に職人と呼ばれるものは、手職のあるもののことをいっている。同じ室町時代に描かれた『七十一番職人歌合』になると、職人という考え方はしだいに行商人や手職のあるものに限定されはじめたようで、手職としては金掘・水銀掘・薄打《はくうち》・銀細工・鍛冶・弓作・矢細工・箙《えびら》細工・鎧細工・むかばき作り・鞍細工・鞘巻きり・研・仏師・経師・念珠挽・番匠・壁塗・檜皮葺・瓦師・土器作・莚打・畳刺・翠簾屋・皮籠作り・葛籠《つづら》作り・唐紙師・表具師・紙すき・傘張・笠縫・蒔絵師・塗師・冠師・烏帽子折・沓造・草履作り・足駄作り・櫛引・檜物師・車作り・筆結・硯士・針磨・玉磨・賽磨・鞠括・紺掻・組師・機織・縫物師などがあげられている。

また行商人の方には、紅粉解・白粉売・董物物売・薬売・灯心売・畳紙売・扇売・枕売・硫黄箒売・ひきれ売・鍋売・麴売・酒作・酢作・餅売・饅頭売・じょうさい・心太《ところてん》売・そうめん売・豆腐売・ほろ味噌売・煎じ物売・一服一銭・小原女・桂女・魚売・蛤売・塩売・米売・豆売・葱売・苧売・絃売・綿売・白布売・帯売・すあい・馬買・革買・買人などがあげられている。京都を中心にした室町時代の職人と商人には、およそ以上のようなものがあったとみられるのである。

これら職人のうちには、その初めを古代の職業部に発するものが少なくないと思う。

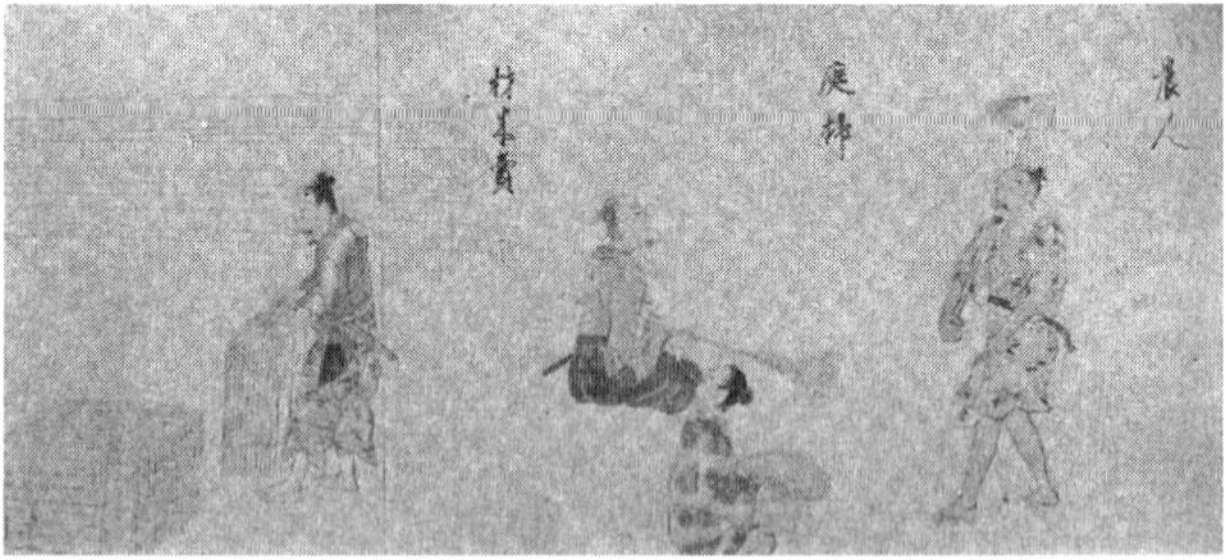

左から材木売・庭掃・農人（「三十二番職人歌合絵巻」）

職業部というのは職業集団のことで、古い時代にあっては、それぞれ特殊な職業を持つものはそれぞれ集団をつくり、その職業に携わっていたものと思われる。

たとえば祭祀に関係あるものでは忌部《いむべ》・卜部《うらべ》・巫《かんなぎ》部《べ》・祝部《はふりべ》・神部《かんべ》、政治に関係あるものでは税部《ちからべ》・丈《はせつかい》部《べ》・門部《かどべ》・采女部《うねめべ》、学問に関係あるものでは来目部《くめべ》・物部《もののべ》・靭部《ゆぎべ》、工業に関係あるものでは鏡作部《かがみつくりべ》・玉造《たまつくり》部《べ》・弓削部《ゆげべ》・鞍作部《くらつくりべ》・服部《はとりべ》・綾部《あやべ》・錦部《にしきべ》・衣縫部《そとおりべ》・赤《あか》染部《ぞめべ》・茜部《あかねべ》・酒部《さかべ》・鍛師部《かぬちべ》・土師部《はじべ》・陶部《すえべ》・砥部《ときべ》・石《いし》作部《つくりべ》・工部《たくみべ》・猪名部《いなべ》・筥作部《はこつくりべ》などがある。そのほかにも部と名のつくものはきわめて多かった。

これらの部は、その首長である伴緒にひきいられており、それぞれその職業に適する地方に住んで、農業にしたがいつつ別にそれぞれの職業を持っていて、工業的な部に属するものはその生産した製品を伴緒に献納していたのである。

もとよりそれらが首長——後には朝廷に調《みつぎもの》として献納されるばかりでなく、一般民衆との間にも交易が

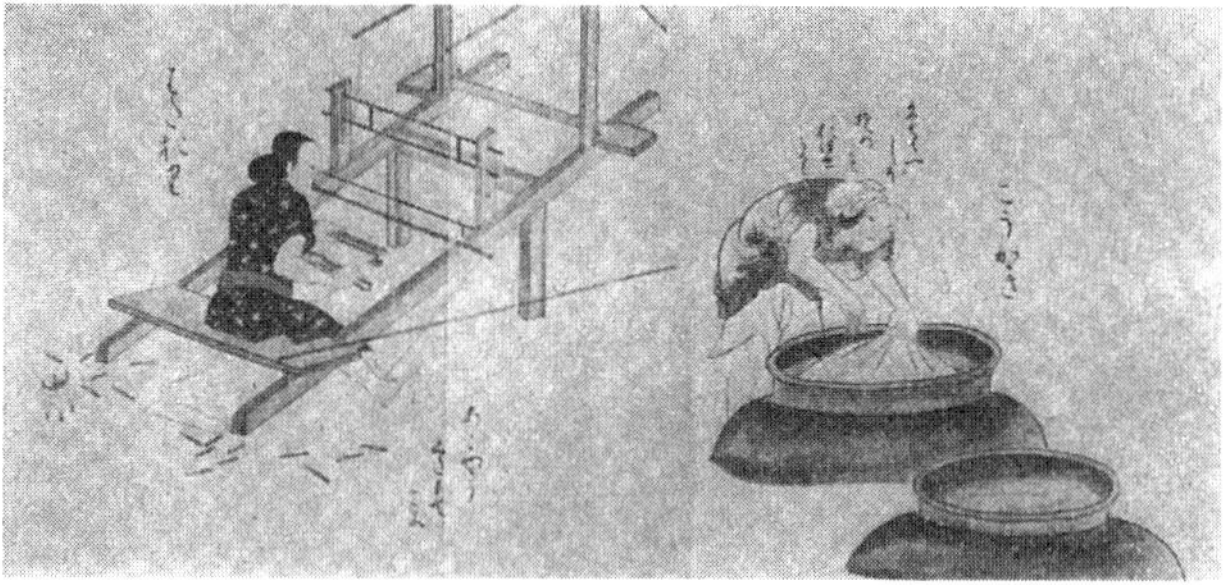

左は機織、右は紺掻（「七十一番職人歌合絵巻」）

行なわれたと思われる。しかし、この人たちは地方に住んでおり、付近に市場があったわけではなく、その初めには自分たちで生産したものを市場に持って出て売るというようなことは少なかったと思われる。その後、民族国家から律令国家へと発展し、その律令国家が勢威を失ってくると、こうした部は解体してしまったが、それは政府との間に調の貢納関係が消えていったというだけで、古い職業が失われてしまったわけではない。むしろ貢納がなくなることによって、生産したもののすべてが商品として流通するようになってくる。

と同時に、これらの職人の移動が起ってくる。さきにのべた鍛冶屋などがそのよい例であろう。河内に丹《たじ》比《ひ》郡という郡があった。丹比は多治比とも書く。和銅元年（七〇八）に催鋳銭司《さいずせんし》という銭を鋳造する役に任ぜられた多治比真人《まひと》は、そうした鋳物を主とした鍛冶師の統率者であったと思われる。そしてその後も多治比姓の者がしばしば催鋳銭司に任ぜられている。当時、多治比氏は河内のみならず、武蔵にも住んでいた。その流れが後に丹党になる。河内の方では武士になった者はほとんどなかったようで、その地でそのまま鋳物や鍛鉄の業をつづけ、平安時代の梵鐘には河内住の丹治氏のつくったものが多く、また『延喜式』「主計」上には、河内国から二百口の鍋が調として納められている。それが平安末になると貢納の事もなくなり、各地への移動が自由になったらしく、東大寺再興に参加したり、高野山の鋳鉄の仕事をしたり、鎌倉から室町にかけては、さらに山城・摂津・紀伊・美濃・讃岐・伊予・土佐などにわたって梵鐘や鰐口を鋳て歩いているのである。それらの中には地方へ在住した者も少なくなかった。能登中居の鋳物師も、そこに残る古文書によると河内国から来たことになっている。そしてそこからさらに越中の高岡に枝村を出し、越後三条などにも中居から分れた鋳物師が住んでいた。

◉職 業 座

つまり職人の中には、初めから専門的な技術を持っている者が少なくなかった。彼らは初め地方に在住していたが、律令国家すなわち奈良時代になると、地方から上京してきて宮廷や貴族の調度品などをつくった。木工が飛驒から飛驒の工《たくみ》の名で出てきたのなどはよい例であり、それが平安時代になると供御人《くごにん》の名のもとに宮廷に直属したものも少なくなく、さらに荘園が発達してくると、貴族や社寺と特別の関係をもち、供御人・神人《じにん》などの名をもらって、特別の権利を持ち、その属する貴族の集会や社寺の祭りには特定の座について奉仕することが許された。これはひとり職人だけではなく商業を営む者も同様であった。さきの鍛冶についても、元永元年（一一一八）に東大寺の鍛冶の座頭二名が禄をもらったとあるから、このころすでに鍛冶屋の座のあったことが知られる。また荏胡麻をしぼって油をとる油職人たちも同じころに油座をつくっていたことは醍醐寺文書で知られる。そのほか博多箱崎八幡宮や山城大山崎離宮八幡宮にも油座があった。神社では灯明用の油が入用なことから、油職人と結びつかざるをえない事情があったのである。酒もまた社寺に属する者たちが仲間をつくり、社寺の庇護をうけてつくるものが多かったらしく、大和の菩提山・河内の天野山・春日若宮・元興寺などは酒の座があって良質の酒を出している。

こうして権力を持つ者に保護されて勢力を持った職人や商人の仲間は、主として奈良・京都付近に多かった。このような座は社寺の祭祀集団として発達した村々の宮座とも深い関係をもっているものと見られ、その発生もほとんど時を同じくしていると考えられる。そして『下学集』（一四四四年）によると、鍛冶・番匠・塗師・鋳物師・絵師・蒔絵師・紺掻・車借・輿舁・猟師・水夫・梶取まで座を組んでいた。つまり職人歌合に名をつらねた職人はいずれも座を組織していたものと見ても差支えない。

これは商人の場合も同様であった。

そして座に属する者は貴族や社寺からその権益を保護されており、座外の者がこれを犯すことは許されなかった。もし強いて権利を得ようとするには、廃絶した座仲間の家の権利を買うか、多くの金を積んで座に入れてもらうしかなかった。そうした中にあって、番匠の座株の権利は特に尊ばれた。番匠とは大工のことである。社寺の多い近畿では、大工仕事は予想外に多かったし、またそれには高い技術を必要とし、東大寺・興福寺・春日神社などにはそれぞれ専属の大工がおり、それぞれの社寺の仕事をしていたが、他に大普請のあるときは雇われてゆくこともあった。

日本という国は、古い由緒の尊ばれる国であった。また権威ある者の庇護をうけるということによって、その地位が守られた。権威があるといっても、実質的に強いものではなく、力を加えられればすぐくずれていく程度のものではあったが、それでもその庇護をうけているということで、周囲の同業者を威圧することもできたのである。否、威圧する力を失った後も、なお由緒を尊び、由緒あることを誇りとした。刀工が今も刀を鍛えるとき侍烏帽子・直垂を着、大工の棟梁が晴の日に烏帽子素襖を着用するのも、古い時代の座の行事に着用したことの名残であろうか。

そして職人の特権は近世に入って政治によって座が解体されても、今度は株仲間として続けられ、また鑑札のないものは営業を許されなかった。大阪では元文四年（一七三九）に、畳刺・大工・木挽・葺師・左官・張付師・傘張・桶師・差物師などは鑑札を持っていない者は雇っていけないという触《ふれ》が出ている。鑑札を持っているといないとで、玄人と素人が区別されていたのである。

ただこれらの仲間と古い座仲間との差は座が貴族や社寺の庇護のもとにあったのに対して、株仲間では職人の技術が保護されたということである。

◉座の残存

職業的な、あるいは商業的な座は、貴族や社寺の権威にたよって、その特権をふりまわすことから、織田信長は天正五年（一五七七）、畿内地方を征服し、安土に城を築くと、旧来の座を停止して楽市楽座として自由に交易させることにした。しかしこのことは十分成功しなくて、職人集団を解体することはできず、彼らはやがて仲間組合をつくっていく。そうした中にあって、神社の氏人を中心とする座の解体はなされなかった。そして宮座と呼ばれるものは今日まで残っている。

明治時代まであった芝居小屋、新富座

宮座のもっとも濃厚に残っているのは近畿地方で、とくに奈良・滋賀・京都・大阪・和歌山に多く、兵庫県以西はお頭または頭仲間とよばれているが、近畿の宮座と内容的にはほぼ相似ている。中国地方の古い神社に見られ、島根出雲地方は近畿におとらぬ分布を見せており、九州では福岡県北部に多い。

東は山梨県あたりまで分布しているが、それほど濃厚ではない。

宮座の中には一つの神社に一村中が参加しているものもあるが、村の中の特別な家筋が参加している場合もあり、そのような氏人と、一般の氏子の区別されている所もあるが、宮座に参加している者は、その神社に密接に結びついていることを強く意識している。

このほか寺院にも座のともなっているものが多かったが、この方は講という名に変っていくものが多い。

商業的職業的な座は解体しても、それが名称として残っているものはいくつかある。芝居小屋を座と呼ぶのもその一例である。歌舞伎座・明治座・南座・中座・角座・浪花座など、古くからの芝居小屋にはすべて座の名がついている。これはもと役者たちが座を組織し、その仲間が小屋掛して演技を見世物にしたことから出ている。中世における中楽能の観世座や金春座・喜多座などは、けっして劇場そのもののことではなく、役者仲間のことだったのである。それが劇場——すなわち芝居小屋の名称として残っていく。

同様に、地名にも座がいくつか残っている。東京の銀座なども、貨幣をつくった仲間がそこに住んでいたことからついた名であり、鎌倉の材木座は材木商人の居住した所である。大阪には阿波座という地名がある。阿波出身者の多く住んだ所である。

座はその字の示すごとく、坐ることであり、人々にはそれぞれ坐るべき位置がきまっていた。誰がどこに坐るべきものであるかは、家柄・職業・年齢によってそれぞれきまっていたものである。

たとえば、家の中でも家にいろりのある所を見るとよくわかるが、主人の坐るのは横座、主婦の坐るのはかか座、客の坐るのは客座などときまっている。地方によって呼び方に違いはあるが、それぞれの占める位置ははっきりきまっており、しかも全国ほぼ共通していた。それがいろりがなくなってから、その座席がしだいにくずれてくることになる。

家々でお客をする場合にも、村で人の集るときにも、誰がどこに坐るかはもときまっていたものであった。その場合、大きく分けて村の長老が上席を占める場合と村の旧家の者が上席を占める場合とがあった。そういうことが、村の成立事情をそのまま物語っているのである。

われわれの日常生活する所を座敷というのも、こうしたお互いの占めるべき位置を示した座からきたものであった。そして今日のように、座の観念や秩序が乱れてきても、いろいろの会合のあるとき、誰がどこに坐ってもらうかはいつも主催者側の一番心をくばるところだが、民間の会合などに役人が出席すると、たいてい上座を占めさせることになるのは職業に対する貴賤観の残存によるものであろう。

◉大工仲間

さて話を本筋に戻して、座解体後、職業集団がどんなに変ったかを、大工の仲間を例にのべてみたい。大阪府和泉市の古い大工の家に伝わっている文書を見ていると、和泉の国で大工職を許されている家は三十余戸で、後醍醐天皇の御綸旨によるものである。そしてこの三十余人の者は家を建てるとき棟梁をつとめることができる。と同時に、これらの大工は京都の御所造営のときは、それに参加する光栄を持っている、とある。多

分は、いい加減なものであると思うが、一般大工も棟梁の家筋は三十戸余りであることは信じていた。したがって他のものはそれらの棟梁の帳場で働く使用人にすぎないと見られていたのである。

しかし人家がふえ、大工仕事がふえてくると、百姓の次三男もしだいに大工の徒弟として働くようになり、その人数も著しくふえてくるが、もともと大工の多かったのは飛騨・近江などで、近江の場合は近世に入ってから京都の中井主水の家を中心にして禁裏御用の職人たちの大同団結が行なわれ、大工ばかりでなく、杣や木挽もこの仲間に入る。なお、この仲間に入ったものは近江ばかりでなく五畿内におよんだ。そして京都だけでも二十組の大工組合

石山寺建立に働く工匠たち（「石山寺縁起絵巻」）

が見られた。それらの組合の中には東福寺・知恩院・建仁寺・大仏などに属したもののもあったから、これらはもと座同様のものであっただろう。だが他の組合は町に住む大工を小割にして組をつくったもので、棟梁の名をとって組の名にしたが、弁慶・池上・矢倉の三人のほかはしっかりした棟梁もおらず、家料もなければ、身代らしいものもなく、相続すべき家督もないから、棟梁の名をとって組の名にしてはいるが、棟梁の変ることはありうる。そこで組の中の一人を組頭にし、肝煎役をさせた。

かくて中井主水は実に大きな力を持ち、大きな普請を次々に手がけ、名古屋城のごときもその建物は主水によってつくられたのである。中井主水はもともと大和法隆寺に住み、この寺を中心とした大工仲間の棟梁であったが、近江には別に甲良の庄に甲良豊後という者がいて、京都に出て建仁寺流の技術を学び、甲良庄の大工を支配し、後に江戸城を建て、その配下とともに江戸に移住する。

大工仲間は職の祖神として聖徳太子を祭り、太子講をいとなんだ。太子講は二月二二日の太子の命日に開くのが普通で、棟梁の家の床の間に太子の掛軸をかけ、その下に大工道具を供え、また御神酒や御馳走を供え、灯明をともし、一同礼拝して、そのあとその年のいろいろの取りきめをする。一番大事な取りきめは賃銀であった。また仲間の者として体面を汚すような者があれば制裁し、時には仲間はずしをすることもあった。そのあと酒宴になる。大工の賃銀は講のあとで一般村人に触れ出したものである。

こうして大工仲間は一つの特権をもって仕事にあたり、できるだけ仲間をふやさないようにしていたが、都市の発達と人家の増加から、大工の数がふえてくる。和歌山の例を見ると、寛永一七年（一六四〇）には四百三十五人であったものが、嘉永三年（一八五〇）には千三百三十八人にふえている。と同時に、渡り大工が多くなってくるのである。渡り大工というのは技術は持っているが帳場（仕事場）を持たず、方々を渡り歩いて他人の帳場で働く大工のことで、いまも見られるところである。

これらの仲間は仕事のある所へ集ってくるし、また町の方でもそうした職人を集めて一カ所に住まわせた。大工町がこれである。そこに住む者は棟梁をするほどの者ならば自分の家屋敷に住んでいたが、普通の大工ならばたいてい借家住居であった。そして火事だの地震だのがあって家がこわれると、他国からどっと入り込んで来て普請場で働き、そのまま定住する者も見られた。借家住居の者は町人と見なされなかったので、居住は容易であった。

◉居職の町

大工にかぎらず他の職人についても、それが専門的なものであれば、中世にあっては座をつくり、近世に入ると仲間を作って結束し、素人をできるだけ仲間に加えないように制限した。そして左官・屋根屋・石工たちも大工と同じく太子講を組んで、聖徳太子を祭った。

このような職人たちは、大名が城下町をつくるとき、呼び寄せられて町に住むようになったものが少なくない。江戸の町については『民俗のふるさと』にものべたところであるが、地方の城下町を歩いて見ても、職人町をいたるところに見出す。鍛冶屋町・紺屋町・大工町・番匠町・細工町・檜物師町・瓦町・金屋町・研屋町・鋸町・槍屋町・鉄砲町・畳町・吹屋町・革屋町・舟大工町・鍋屋町・塗師町・曲師町・左官町・桶屋町・作事町・釜屋町・傘屋町・紙漉町・白銀町などがそれで、そのうち大工町・鍛冶屋町・紺屋町がもっとも多い。そして職人たちはそうした町にかたまって住んでいたのであるが、では一つの町にいつまでも永住しつづけたかというにけっしてそうではなく、しばしば移動が見られたのであった。

たとえば東京の本郷は幕末のころまでは職人町で、湯島・竹町・春木町・金助町・新花町・天神町には大工・左官・細工師・屋根屋・石屋が軒を並べ、金助町・春木町・湯島では戸障子をつくっている家が軒なみで、明治初年には年産七千枚にものぼっていた。

また本郷一丁目から先は商店街で、とくに伊勢商人が多く、伊勢利・伊勢丹・伊勢庄・伊勢仁・伊勢源をはじめ、大きな呉服屋があって呉服の流行は本郷からといわれたというが、今は見るかげもない。また四丁目から先は加賀屋敷の普請のとき立退きを命ぜられ、今の新橋付近に移って繁栄するにいたったという。また建具職人たちも明治の初めには日本橋小伝馬町に集団移動して、本郷からほとんど姿を消すにいたった。このように移動が比較的容易に行なわれたのは借屋住居が多かったからで、江戸ではそのような現象がしばしば見られた。

それでも家にいて仕事ができるということで、これらの人は行商人とはおのずから異なっていた。『女紋《おんなもん》』という立川文庫の作者を主人公にした小説の書き出しに、大阪の町のおもかげを浮彫にしたような一節がある。立川文庫の作者は、猿飛佐助・霧隠才蔵・三好青海入道・由利鎌之助などの豪傑を生み出した人だが、その生活はけっして豊かではなく、大阪の阿波座の町家の二階を借りて住んでいた。

阿波座の町々は居職《いじょく》の多いせいか、夜があけると、一度に動きが活発になる。居職とは家内職のことで、傘の骨に布を縫いつけるたぶづけ、シャツのボタンづけ、ムギワラ帽のピン皮張り、こたつの紙張り、下駄の花緒の芯作り、フスマの張替屋、活版屋の下請け、木型屋、女髪結などである。錺屋《かざりや》のふいごの煙、花緒屋が打ち出す麻糸のみじんぼこりなど、まだ春もやには早いが、空の青さはうす葉を張ったように、阿波座はいつも汚れた感じの町だ。

「おこうやん、昆《こ》布《ん》まき、あげさん、切干し……」

また物売の声が低い軒を通ってゆく。

階下の人は傘のたぶづけ職だ。その子が、さっきから泣いたり止んだりしている。おおかた、カステラ紙買いたいと五厘せぶっては泣き、やっと五厘にぎると今度は、紙ごと噛みついて涙を干しているのか。カステラを焼くとき下に敷く紙に、わずかにカステラがひっついているのを、駄菓子代わりに売っている。

物売が次々と声を張って来る。

「一銭九厘やだっせえ、三宅油に椿油、くせ直しにびらんかずら（美男葛）も揃てます」「荒物はどないだす、しっくい流しにカンテキ、やせ男……」

やせ男はお灯明につかう灯芯のことである。居職の人たちは根仕事の肩休めに売り声に誘われて門口に出て行っては、やかましい口合戦を始めていた。

この文章は実によく大正末ころまでの大阪の職人町の情景を描いている。昔は町並は表通をのぞいては店舗は少なく、長屋が続いていて、その長屋は仕舞屋《しもたや》と職人の仕事場から成っていた。そして二階はまた他人に貸して間代をとっていた。二階といっても錣《しころ》くずしの中二階が多く、天井はなくて屋根裏がそのまま窓まで下っていて、立って歩けるのは棟に近い方だけ。部屋の半分は中腰にならねば歩けぬようなところであった。だからこの小説の主人公の借りている二階などは、天井のある部屋だと思われるからよい方であったといえる。

それにしても都市の発達が多くの職人たちを町に住まわせて居職させるようになってきたのである。しかも居職の発達によって職の専業化が進んだといってもよかった。

2 市と店

◉市の意義

どのように自給自営の生活をしようとしても、自給だけでは間にあわず、交易に頼らざるをえない一面のあることについてはたびたびふれてきた。その不足する物資が交易によって補われた。そしてそれは人間が人間としての社会をつくって以来のことからであったと思われる。そういう事実を示してくれるのは、縄文式文化時代の石器の分布である。この時代には刃物の類は石が多く利用され、その石も黒曜石が多かった。黒曜石は壱岐・大分県姫島・隠岐・長野県和田峠などに産し、それがそれらの地を中心にして一定の分布圏をつくっているのは、黒曜石の需給にともなう交易が見られていたのではないかということを暗示してくれる。

黒曜石のなかった近畿地方には奈良県二上山麓から出るサヌカイトが多く使用され、

早くから近畿文化圏ともいうべきものがあったことがわかる。

その石器に代って鉄器が登場すると、鉄の産地を中心にした交易圏が成立したであろうが、やがて統一国家が成立して鉄や鉄製品は調として大量のものが朝廷に献上されるようになる。生活上欠くことのできない塩なども、各地から調塩として都にもたらされている。

そしてそのような物資のうち、生活に必要なものは現物給与として役人たちに配分されたであろうが、余剰物資は市にかけられたのではなかっただろうか。平城京には東西二つの市があり、そこでいろいろの品物が取引きされている。

近郷の農村の人々でにぎわう山形の初市
(山形新聞社提供)

都ばかりでなく、地方にも市は多かった。その市に出て余剰物を売り、必要なものを買ったのである。行商はその初めは生活をたてかねた者が、物乞の一つの形式として発達したものと見られるけれども、市は対等に品物が交換されたことが特色である。そしてそこには選択の自由もあった。

しかし市は年中開かれているものではなく、日をきめて行なわれたものであって、市日でない日にはそこはさびれはてていた。『一遍上人絵伝』を見ると、信濃伴野・備前福岡・淡路志筑などの市屋のさまが描かれている。掘立の丸木柱に簡単な草屋根をのせた長屋で壁も何もない。このような市屋は、つい最近まで中国地方の牛市によく見られたものである。

しかし市日になると、そこに商人が集って来て、それぞれ間仕切をして自分の店を出す。備前福岡の市ではそうした市屋で物の売られている様が描かれている（『民俗のふるさと』旧版八二頁参照）。

こうした常設的な市のほかに、臨時の市も開かれたものではないかと思われる。平安末ごろの文献を見ていると、虹の立った所で市を開いたという記事がいくつもある。虹は神の渡る橋であると考えられていたので、虹の立った所へは神が降りてくると考えたためであろうが、そういうときは野天に市がたつわけである。多分そこに市神を祭って、それから人々が市を始めたものであろう。

そのようにして市は常設的なもののほかに野天で開くものもあり、それぞれの地方で行なわれたものであろう。

市は通常月に六回開くものが多く、これは六斎市《ろくさいいち》と呼ばれていたが、中には一年に一回開かれる市も少なくなかった。武蔵府中の大国魂神社のそばで開かれる野天市などは年一回であったが、いろいろのものが出品されたのでたいへんにぎわった。しかし、至極のんびりしたもので、客が金物屋に、

「鍋が一つ欲しいのだが」

と声をかけると、

「今年は持って来ていませんから来年持って来ましょう」

と約束する。一年くらい待つのは何でもないことであった。さて翌年になって持って来た鍋が大きすぎたので、

「それではまた来年よさそうなのを持って来ましょう」

と金物屋は約束してくれる。三年目にいって見るとやっと思うようなものを持って来ていた、というほどののんびりしたものであったという。


地方の農具市や種物市など、皆同じようなもので、たいていは一年一回で、今年注文しておくと来年持ってくるという有様であった。

市には商人が店を出すだけでなく、百姓たちも店を出すことが多かった。そして食物や野菜をはじめ、竹細工・藁細工などを売った。今でも東北地方の市には百姓の女たちが並んで物を売っているのをよく見かける。

そして世の中があわただしくなり、また人の動きが多くなるにつれて、市を開く回数も多くなっていったのである。市が物を交換するために果した役割は大きなものである。

◉市場商人

市は市日に限られて立ったものであり、その日にのみ商人も買い手も集って来たが、市の回数が多くなってくると、市場の近くに商人の定住するものがふえてくる。それが町である。

町の特色は商人が中心になって住んでいることで、もとは家の数は問題ではなく、家が十戸あっても町は町であった。だから昔は村の中に町があったものである。そういうことになると町の数は意外に多く、中世末には九百にものぼり、幕末のころには三千五百もあったと推定されている。すると幕末のころの町の人口は三百五十万内外と見られるから、江戸・京都・大坂の人口百五十万を差引いたあとの一町あたりの人口は六百人くらいにすぎないことになる。この中には城下町や宿場町・港町・門前町なども含まれているから、それらを除いてみると、商人町といわれるものがもともとどんなに小さいものであったかがわかるわけである。

またその程度の小さい町でも、農民の側は事足りた。交換を必要とする物資は何ほどもなかったから。商人たちも日ごろは細々と暮し、店を開いているばかりでなく行商も行なっていた。市に店を持つような商人は、たいてい付近に開かれる市に出かけていったもので、一般の行商とは趣を異にしているものが多かったようである。市日は土地土地でちがっていたが、たいていは社寺の縁日であった。したがって人出も多く市から市をわたり歩けば渡世は成立ったものである。

市から市を渡り歩くということも、門付する振売に比すれば一つの特権であり、普通の行商にくらべて羽振もよかったようである。そして彼らも座を形成していた。それらのことは中世の文書によってうかがうことができるのであるが、そうした商業座の発達していた大阪府和泉地方での市日についての見聞を記して見ると――この地方の村々のやや大きな社寺の境内で、毎月一回くらい市が開かれていた。天幕を張って雨や日の覆いにし、莚二枚ほどを敷いてその上に品物を並べる。それは日常の生活用品が多かった。その日の市がすむと、それらの商品を箱につめ、車にのせて次の市場へゆく。市によって店を出す者の顔ぶれは多少ちがっていたが、だいたいは相似たもので、一種の隊商を組んでいた。そして市場商人仲間というようなものがあった。和泉の市場商人は堺市在住者が多かった。

そうした商人の中のある者が、一つの市場の片隅に居住したとする。やはり市場商人として方々の市を追うて歩くことには間違いないが、家にいる者は、付近の人が買物に来れば売るというような行商と座商を兼ねた営業が見られたのである。

このような商人の組織は、市場の多い地帯ならばどこでも見られたのである。山口県大島の久賀町にも市立商人の仲間がいた。瀬戸内海地方の市や縁日を追うて歩いていた。市立商人の場合は、振売の行商に比して荷が一般に多かった。その荷を持って門付して歩くことはむずかしかったから、市売を主にしたのであろう。内海の場合は、荷を運ぶのに船を利用することができた。そして市のたつ所へゆくと、社寺または付近の民家から戸板を一枚か二枚借りてきて、その上に商品を並べる。その地方の市がすめば船で次の地の市へ移動していくのである。

このような市場風景は中世の絵巻に見る市場風景とほとんど変っていない。そして市場で取扱われる品物は、十五世紀初めの奈良の市場では、食料品としては米・塩・大豆・大根・山芋・蓮・こんにゃく、衣料品として小袖・布・小間物・絹・綿・苧・紺染物、手工業品として桶・釘・釜・鍋・矢・莚・紙・金物類などがあり、十五世紀の天王寺門前の浜市では、米・酒・麴・柿・栗・莚・竹・松・塩・魚・布・苧・紺染物・紙・鋳物・刀・鍬・塗物・笠などがあったといわれ、『七十一番職人歌合』などにくらべると、取扱われるものの幅もひろく、振売の行商には適しない品物の多いことが目につく。つまり行商と市商とは商品に共通するものもあるが、異なったものも見られ、また市場で取扱われる商品の量の方が行商の場合よりも多かった。そこに振売行商に対して特権も成立ったわけである。

◉店の発達

行商や市場の座商のほかに、店もまた古くから見られていたのである。店は見せ(ヽ)から来た言葉である。人馬の往来の多い道ばたや、社寺の門前などにはこれが見られた。都城の市などにも、常時店を開いている家もあったと思われる。店の絵で古いものは『扇面古写経』に見えている。店では、魚・果物・布・履物などが売られている。

そのほか店を描いた絵巻物は多い。そこに売られているものは『扇面古写経』と大差がない。そしてその図柄からするときわめてつつましいもので、つい最近まで地方に見られた駄菓子屋同様のものであった。おそらくは細基手《ほそもとで》で主として女のあきないであったと思われる。店を守っているものは、たいてい女である。つまり販女《ひさぎめ》が居職として店を出していると見られるのである。そして興の深いのは『一遍上人絵伝』の中の伊豆三島神社前の門前町の店屋の前で、女が通行人に布らしいものを押売しているさまの描かれていることとである。多分、店の前を通りかかって店の品物でもひやかしたのではないかと思われる。店の者が押売する風景はつい近ごろまで見られたものである。このような店はどうして発達したものであろうか。それは地方の市の周囲に商人が住みついて、小さい店を持ったと同じような経路をたどって出現していったもののようである。『延喜式』（九二七年）によると、京の都にも東西市があって、市庭の肆《いちくら》に品物を並べて売り、この市に出売する商人たちは、市の後にある市人町に住み、市司に監督されていた。ところが、この市人たちは自分の家にも見せ棚をつくって商品を売るようになった。こうして市は旧来の市と、その外側の外町とに分れることになってくる。このような店は、主として女に経営させたものであるらしいことも『宇津保物語』に、三春という大臣が市女をめとり、七条大路に沿う自宅に店屋をもうけて魚や塩を売ったということで推定される。市女が店を経営したものであろう。そして京都では、古い市のあった七条辺に店屋が発達したのであるが、それがしだいに市内のいたるところに店を見るようになったのであろう。そしてとくに人の集る社寺の前などに店が多く見かけられるようになった。いずれも小売の店であった。

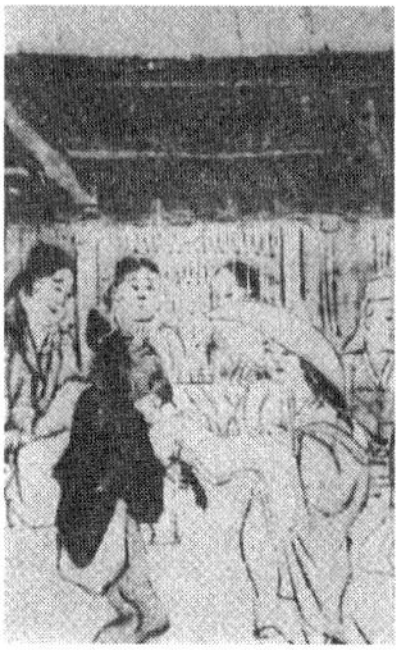
通行人に布を売りつけている女（「一遍上人絵伝」）

小売の店で売られるものは、魚・塩・果物・草履などのほかに、かさの大きな籠や曲物のようなものも売られた。そのような商品は馬や車で運んで来たものであった。

見せ棚は小屋掛でもなければ野天でもない。家の中に見せ棚を持っている。家の中にある見せ棚というのは、商売する方からいえば一つの誇であったと考えられる。その事から、見せ棚をもつ家――すなわち店家はそのことを表示するようになった。店家が○○屋という屋号を持つようになったのはそのためであると思われる。しかし屋号が一般化したのは室町時代からのことであった。初めには宿屋が屋号を多く用いたようである。

だが江戸時代になって、一軒構えた店になると、ほとんど屋号を持っていた。初めは絹屋・米屋・塩屋などというように商品名をつけたものから、後には出身地をつけたもの、縁起をいったものなどいろいろあらわれてき、その伝統は長く伝えられて今日にいたっている。そして大きなデパートの中にも髙島屋・松坂屋・松屋などをはじめ、昔のままの屋号を使用している例は地方にも多く、さらに一般にも屋号を持つ店はきわめて多い。

店の建物は、たいてい板葺であり、片側住居であった。そして見せ棚は家の外にはみ出してしつらえ、そこに物を並べて人目につきやすいようにしていたが、中世末の『洛中洛外図屏風』などを見ると、店は家の中に引込められて、人々は家の中へ入って物を買うような構造を持ったものが多くなっている。多分、外に並べておくと、日光の直射をうけて品物がいたみやすく、また盗難にかかりやすくもあったのであろう。

町または市場付近に店を持つことによって、定住した商人を町人といい、室町時代ころまでは町人と商人《あきうど》には区別があった。商人は行商を主としたものであった。

◉ 問屋の機能

こうした古い歴史的な発達過程の現象は、そのまま今日も地方に見られるところであって、地方の町村における店もこれと大差のない発達過程をたどっているのである。

つまり店を発達させる第一の条件となるものは、人が常時集ることである。したがって信仰の厚い社寺の門前とか、交通の便利な所とかに店ができてゆく。

明治時代の中ごろまでは、街道筋を除いて村の中に車の通る道はほとんどなかった。そうした所では、牛や馬の背に荷をつけて時たま通ることはあっても、たいていは荷は人の背によって運ばれていたものである。

それが明治の中ごろから国道・県道などの発達にともなって、村の中にも車の通う道が通ずることになる。するとその道を荷車をひいて荷を運ぶ者がふえてくる。また馬車が通うようになってくる。そして村の中へもまとまった荷が運びこまれ、村の中で生産されたものも荷車や馬車で運び出されるようになってくる。そして街道筋にはそうした品物を取扱う店や、また行き交う人を相手にする店もできてくる。

かつての村に大工や鍛冶屋や紺屋を住まわせたのとは、だいぶ変った事情のもとに店が出現してきたのであった。そしてそこでは大量の商品が取扱われるようになる。

これと相似た事情は、古い時代にも見られた。街道筋や港では、大量に物資が動いたのである。街道では馬に荷をつけてしかも一頭ではなく、一人で五頭から七頭くらいは追うて荷を運んだし、船の場合はさらに多くのまとまった荷を運ぶことができた。それらの荷を保管する人や場所も必要になってくる。政府はそれぞれの駅や港の役人に命じて保管監督にあたらせたものであるが、政府の力が弱まって荘園の発達してくるころになると、独立して運送や倉庫業にしたがうようになった。これを問《とい》とか問丸とかいった。

問丸は多量の商品が集ってくると、その商品を一旦、倉におさめ、それからその地方の市で売りさばいたり、また行商人を使って売ったりしたものである。問丸は大量の物資の集散する港に多く見られた。この問丸が近世に入ると問屋と呼ばれるようになる。そしてその言葉は今日も広く通用しているのである。名称は違い、制度も違ってきても、その果す機能は今も昔も変っていない。

中世における問丸は、京都と鎌倉を中心にして発達した。京都にいたる物資の大量輸送路は、日本海沿岸を越前の敦賀・小浜などまで船で来て、そこから山越に琵琶湖へ出、琵琶湖をまた船で渡って大津につき、そこから山越に京都へ来たのである。

一方、西の方からの物資は瀬戸内海を通って兵庫で陸上げするか、または淀川をさかのぼって京都に達するかしたもので、その沿岸に問丸が多かった。

鎌倉を中心にしたものは、西は伊勢湾から東は江戸湾までの間に、問丸が見られたのである。問丸は多量の物資を動かすので資本も大きく、いわゆる有徳人《うとくにん》として周囲からうらやましがられた。

大伝馬町の木綿問屋（「江戸名所図会」）

問屋はまた奈良・京都・堺のような町にも発達した。地方の問屋から荷をうけて、消費者に渡さねばならぬが、そうした町には商人の座や小売の店が発達していて、問丸から町民にいきなり商品を売りさばくことはむずかしく、座仲間の商人や小売店の手を経なければ一般町民の手には渡らなかったのである。

さきにもたびたびのべたように、都会は交換経済を建前とした。都会に限らず、白山麓のように、生産するものが食糧以外に重点のおかれているようなところでは、交換経済がどうしても必要であり、そのためには物資の流通を専門に取扱う者がなければ物資は円満には流通しなかった。しかもその物資を取扱う者たちは、多くの人々の死命を制しているだけに、その勢力は強くならざるをえなかった。そして小売の店も行商人たちも、しだいに問屋の勢力の下に組み入れられてしまうようなことになる。どこへ行ってみても、問屋は大きな屋敷構えをして、いくつかの倉を持っているのが普通であった。そして問屋の数の多少がその町の繁栄のいかんを物語っていた。

◉親方と金貸し

いつの世にも小者の暮しはみじめであった。それは第3章までに長々とのべてきたところであった。日本人の大半が貧しかったのである。それは、西欧人の眼にも映じて、切支丹のパードレたちは、そのことをたびたび記している。しかも災害があったり、病気がはやったり、凶作があったりすると、すぐ飢餓や窮死に追い込まれてしまうような者が多かった。

力のある百姓であれば、米なども一年間食いのばすくらいの貯えはしておいて、秋の稔りを見なければ去年の米には手をつけなかった。戦前、村々を歩いて農家にとめてもらって聞かされたことは、心がけのよい百姓は去年つくった米を今年食うということはしなかった、一昨年の米を食ったものだということであった。それならば凶作があっても何とかきりぬけられるという。

しかしそのような百姓は村の中で五分の一もなかったであろう。たいていは田植時期になるともう米はなくなっていて、地主の倉から作付米を借りてくるのが普通であった。作付米ばかりでなく、盆米も祭米も借りてきて、秋の収穫が終るとすぐ地主の家へ借りた米と小作米をおさめねばならず、そうすると後には何ほどの米も残らなかった。

時には種籾まで食ってしまうようなことが起ってくるので、石川県能登の時国家では、毎年付近の農家の種籾をあずかっていたという。時国家は平大納言時忠の子孫といわれる家で、この地方きっての豪家であった。こうした家へ種籾をあずけておけば、どんなに困っても種籾まで食うということはない。

このような制度は、もとはどこにも見られたものではないかと思う。毛利藩（山口県）などには種子米という租税があったが、これは種籾を藩主から借りたのに対する利子として取りたてられるものだといわれている。

食うものばかりでなく、いろいろのものを自分の力だけでは調達しきれないところでは町の有力者を親方に頼む風習はいたるところに見られた。オヤカタ・オカタ・オヤッサマ・オオヤなどといろいろに呼ばれているが、困ったことがあれば頼っていったのである。すると飢えないほどの事はしてくれるが、それに対する返しは必ずしなければならなかった。

したがって、そのようなオヤッサマの家は、ただ坐食しているのではなくて、農業以外のいろいろの商売を営み、また問屋のような仕事をしているものも多かった。たいていは酒屋・米屋・古着屋・質屋など兼ねていた。どこの村にも質屋の一軒や二軒はあった。質屋は都会では路地を入ったような所に人目にたたないように入口をつくっているのが普通である。質草を持っていくところを人に見られるのを誰もきらったからである。ところで、田舎の質屋は裏口から入るようになっているものが多かったし、質草を持ってくるのはたいてい夜間であった。その質屋が神奈川県の厚木付近の五百戸にたらぬ村では明治の中ごろに十軒あまりもあったというし、京都府福知山付近の村でもやはり十軒以上もあったという。京都を中心とした付近の村には質屋はとくに多かったようである。そして質屋をしているような家が多く親方の家であったという。このような現象は中世に見られた土倉の伝統を伝えるものであろうか。土倉というのはもともとは倉を持つ市場商人のことで、百姓たちは土倉が金を持っていることから、食物や農具などを質に入れて金を借りることが多く、その金が利子の高いために返しきることができなくなって、土地や家をとられ、流離の民となることも少なくなかったが、中には土倉に隷属して小作人になるものもあった。

地方の地主の中には、これと同じような方法で高利貸をしながら土地を集めていった地主が少なくなかった。

◉社会保障と親方

人が群居して住んだのは、一人ではいろいろの災害に耐えて生きのびていくことがむずかしかったからである。それにあらゆるものを自給するということも容易ではなかった。大勢で住めば、いろいろ助けあうこともできる。しかし大勢で住んでいるといっても、同じような財産を持っている者だけで住んでいる場合には、日常は平和であっても、いざというときには災厄に対抗する力が弱い。災厄というものは日常に数倍するような圧力がかかってくるものであって、それをはねかえす力がないから災厄になる。

恵比須講

その災厄を防ぐために、人はいろいろの対策を試みた。まずみんなが助けあうことであった。そのためには村で共有財産を持ち、困ったときにはそれを利用することを考えた。

それからいろいろの仲間をつくった。とくに同業者でつくった仲間を中世では座といっていたが、近世に入ると、組仲間とか株仲間というようになった。しかしそういうものは表向きのもので外に向って自分たちの権利を主張したり守ったりするだけのもので、内側でお互いの結束をはかることにはならない。内側の結束をはかるために親睦を目的とした講が組まれた。大工や左官に太子講があるように、商人仲間では恵比須講が組まれた。

百姓仲間ならば、いろいろの信仰に基づいて、伊勢講・金比羅講・念仏講などたくさんの講組が組織された。また貧しくて金に困っているような場合には、頼母子《たのもし》講が組まれている。力ある者に請人（保証人）になってもらって、仲間をつくり、その人たちから掛金を借りて困った時のしのぎをし、それから後は年に一回とか二回とか集って掛金を仲間の者がクジ引きか入札によってとっていく。最初に借りた人も、それ以後は一回一回掛金によって仲間に払戻していく。その頼母子が家の経済を支えたことは大きかった。頼母子は貧家の急場しのぎに行なわれるばかりでなく、船をつくり、屋根葺の茅を集めたり、膳椀をととのえ、畳を買い、蒲団を買うようなときにも仲間をつくって頼母子によって購入するという例が少なくない。近ごろでは農家でオートバイを買うのに頼母子を組んだり、台所改善を頼母子で行なったというような話をよく聞く。そしてそのような制度が今もなお生きているところが多い。

また労力の不足なども、ユイ（労働交換）の組をつくってお互いに助けあって処理しているのが普通であった。

そのような協力がなされたにしても、なお家々の大きな災厄に対する力は弱く、そうした組織だけではそれに耐えることがむずかしかった。そこでより大きな力に頼ろうとした。親方の家はそうした力を持っているものが多かった。

つまり、ほんとの社会保障は個々の小さな力の結集だけではどうしようもなくて、より大きな力に頼らざるをえなかったのである。しかしそのような保障が個人によってなされるということは、保障される方の側は保障する者に対して、いつも恩や義理を意識しなければならない。つまりいつもその恩をどこかで、何らかの方法でかえさねばならぬという義務の観念でその人に結びつかねばならなくなる。借りたものは利子までつけて返したとしても、困ったときに貸してもらったからこそ急場がしのげたという恩だけは残っていく。

それも日ごろは疎遠にしている者が、困ったからといって突然借りにいっても貸してくれるものではないから、日ごろから親しい関係を結んでおかなければならなかった。つまり力のある者を力のない者が親に頼んだのである。したがって、オヤッサマといわれる家には多くの子方がついていた。子方の多い家ほど勢力があった。

このような組織は、農村を基盤にしてあらゆる社会にひろがっている。そしてどこにも親分子分の関係が見られる。

◉半期勘定

しかも親方子方の関係は、親方が問屋を営んでいるとき、いよいよ断ちがたい強い絆をもってくることになる。白山麓の例でものべたように、日常生活の中で不足するものがあると、親方のところへ借りにいく。米・味噌・醬油から薪まで借りてくる。その代価がいくらだというようなことも考えてみない。そして自分に必要なだけ借りる。親方の方では貸しつけたものは一切帳簿につけておく。

一方、子方の生産した品物を引きとって町の問屋に向って輸送する。一々仕切書をつけて送り、それがいくらで売れたかを知らせてもらう。しかし現金がすぐ送られてくることは少ない。問屋中心の取引は、すべて盆正月の半期ごとに勘定が行なわれた。

町の荷受問屋の方では、その荷を消費者に振向けるために市へかけ、あるいは仲買人の手にわたす。その場合、消費者はほぼ一定しており、消費の量もまたほぼきまっているのであるから、これを供給する方の側も一定の量を確保しなければならない。そのためには地方の問屋や仲買人とも密接な関係を持たなければならないし、また生産地をできるだけ広く持たねばならない。それには地方の問屋や親方たちの必要な物資や金を送るのが一番よい方法であった。金銭・米塩をはじめとして食糧衣料の類を送り届けることによって、地方の問屋や親方はそれを生産者に貸しつける。借りた方は生産したものを問屋に渡す。問屋はその荷を生活物資の斡旋をしてくれている都市の問屋に送ることになる。

こうして地方の生産者は、問屋を通じて都市につながることになるのである。そしてそのつながりは意外なほど強いものであった。それは都市の問屋が、地方の問屋の大きな支えになっていたからである。

このことは漁村を歩いてみるとよくわかる。漁村にはたいてい問屋がある。漁民たちはその問屋から生活物資を借りて生活しつつ魚をとり、とった魚を問屋におさめる。問屋はとれた魚は必ず都市の問屋に送る約束で金の融通をうけて漁民に必要な生活物資を買いこむ。ところが漁業は年々一定した漁獲のあるものではなく、必ず豊凶がある。不漁の年には魚は少ないけれども生活物資の方だけは一定量が必要である。当然、問屋は赤字になる。そうしたとき都市の問屋は資金を貸しつける。

このような方法で都市は交換経済を維持することができ、この組織の完成がしだいに都会を成長させていった。そしてこのような関係は戦争が始まって配給制度がとられるようになるまで続いた。配給制度は問屋をなくしたばかりでなく、すべてが現金で取引されることになった。配給物資をうける場合に貸借は許されなくなった。

戦争以前までは、こうして問屋を中心として行なわれる交易と振売行商による交易がかなりはっきりわかれており、一家の中でも店を通じて購入販売する金銭は主人が握っており、振売行商の品を手に入れるための交換物資や金は、主婦に握られていたものである。

店屋の発達をうながしたのにも、店屋を対象とする貨幣経済の担当者が男であり、また半期勘定であったところに原因があった。店屋はたいてい通帳をつくって、それを得意先に渡しておき、消費者の方はほしいものを買おうとするときは、通帳を持っていって、それに品物と金額を書いてもらって品物を持って帰り、その場では金は支払わない。そして盆や正月が来ると店屋はその通帳を集めて、締切りをし、売りつけた金額を計算し、売りつけた金額を買った者から回収する。このような買い方を掛《かけ》といい、掛を集めて歩くことを掛取といったもので、盆前や正月前には掛取が村の中、町の中を右往左往したものであった。

親方子方の制度も、実はこのような一年二期勘定の制度による貸借慣習の基盤の上に成立っていたといってもよく、交換経済といっても貨幣の動く量はきわめて少なかった。

3 職業訓練

◉一人前

自給生活ということは、実は素人の〝間に合せ〟で暮していくということであった。したがって、そこに見られる技術はいたって稚拙であった。

しかし貴族に寄生する工匠たちの間には、高い技術が見られた。そして民間との間には大きな断層が存在していた。

ところが律令政治が崩壊して、中央政府の力が衰微してしまうと、これらの工匠の子孫たちは、しだいに民間に入りこんでくる。そしてそれぞれの仲間で同業者集団としての座を形成してくるが、それは自分たちの権利を守るだけでなく、自分たちの技術を伝えていくための組織でもあった。

高い技術を身につけていくには、長い期間の修業が必要であった。そのために小さい時から訓練されなければならなかったのである。それらの技術の中には家職として親が子に伝えていくものもあり、弟子をとって教えるものもあった。

漁業はほとんど親が子に技術を伝えている。とくに釣魚の技術は父子相承であった。どのようにして魚を釣るか、餌は何がよいかというようなことは親のしていることを見ればおのずからわかってくる。さらに大事なことは漁場を覚えることである。魚は海中に棲んでいるもので、どこに魚が多いかは海面からはわからない。長い間の経験によってどこに多いかをかぎわけていく。そしてその場所を覚えるためには陸上に、目じるしをつけて、それをアテにしなければならぬ。遠くの山の重なり具合、岬・島・海岸の家・松その他目につくものをしるしにして、漁場の位置を覚える。これを山アテといっているところが多い。そしてたくさんのよい漁場を知っている者がすぐれた漁師であった。

山アテばかりでなく、潮の流れ、波のうねり方まで知っていなければ、海底の魚の状態を知ることはできない。それには小さい時から海に親しみ海で暮し、海のあらゆることを知らねばならなかった。その時期に小学校へなど行っていたのでは、そうした技術を身につけることができないといって、漁師の親たちは子供をなかなか小学校へやらず、長期欠席が多かった。そのような現象は戦後まで続いていた。

農業は釣魚ほどでなくてもやはり子供の時からの訓練が必要であった。まず荷を背負うこと、鍬を使うこと、草を刈ること、肥桶をかつぐことなどが人並にでき、さらに牛を使うことができれば一人前とされたのである。農民として一人前という単位は、重要な意味をもっていた。一人前であるということによって交換労働も成立つのである。Aの働きは一であるが、Bの働きは〇・八というようになっているとすれば、AとBとが一日ずつ労働交換をすればAの方が〇・二だけ損をすることになる。各自の能力差が問題にされることになると、換算がうるさくて交換労働は成立ちにくくなる。

また道つくりとか、溝さらいとか村人がいっしょに働くような場合にも、能率差を認めるとなると同じ一日出て働くにしても同じ時間働くのであれば、能率のあがる者には不平が出るであろう。

そこで仕事の量など見はからって、普通の人で一日どれくらいできるかを定め、それだけの仕事ができれば一人前と見る。一人前以上の能率については、共同労働や交換労働の場合には問題にしない。

さらにさきにのべたように百姓としていろいろの技術を身につけた一人前がある。人を賃銀を出して雇うとき、その一人前が基準になったのである。かくて村の中で生産面における協力体制をつくり出したのは、この一人前の考え方があったからで、人々は一人前のことのできるように皆努力、訓練したのであった。

◉職人の徒弟修業

農業や漁業に一人前があったように、その他の職業にも一人前があった。芸能などの場合には漁師や百姓のように世襲的に親が子に教えて跡を継がせることもあり、いわゆるお家芸というものがあったが、一般職人の場合には普通師匠について学んだものである。大工・左官・鍛冶屋・紺屋・石工等のうち高い技術を要するものは皆よい師匠について学ばねばならないものとされていた。そして息子がほんとうにすぐれた職人になれなければけっしてあとを子にゆずらず、別家させて、むしろすぐれた弟子を娘の婿などにして跡をとらせている。

弟子入りは昔は十歳前後であったという。十歳くらいでは何もできないから仕事場で

大勢の工匠たちの間に入って、仕事を手伝っている子供たちの姿が見える。(「春日権現霊験記」)

仕事をするのを見せたり、子供の守をはじめ師匠の家の下働きをさせたもののようである。

子供を仕事場で手伝わせる風習はかなり古くからのものではないかと思っている。『春日権現霊験記』の仕事場のところに仕事の手伝いをしている子供が描かれている。十歳以下の子供である。やがて大工として育っていく子供のようである。

十四、五歳になると、まず鋸を与えられて木を伐ること、次に鉋を与えられて木を削ること、次に鑿を与えられて穴をあけること、そして刃物をとぐことを教えられていく。鑿の使い方を身につければ、まず一人前であったという。

そして二十歳になれば一人立できるまでになる。それから一年間は師匠のもとで御礼奉公をして、以後どこへいっても一人前の賃銀がもらえることになったのである。

その間にもいろいろの技術を身につけなければならぬ。木どりの方法・墨縄の打ち方・鋸の目立て・家を建てるための設計・絵図面のひき方など、学ばねばならぬことは実に多い。そればかりでなくて仕事をすませば必ず後始末をするとか道具の片付けをするとか、こまごまとした作法も身につけておかねばならぬ。

職人としてどこへ出ても恥かしくないだけのことを身につけると、東京の大工たちの中でさらによい大工になろうとする者は西行といって上方地方、すなわち京都・大阪地方へ修業にいったものである。もう一人前なのであるからどこへ行っても働ける。そこで有名な師匠を訪ねていっては新しい技術を身につけたのである。

このような修業の年限は何業によらずほぼ相似たもののようであるが、腕があれば十七、八歳でも独立することもあった。腕のあるなしは技をきそって見ればわかる。

鍛冶屋などは鉄の打ちあいで技をきそったという。鉄を鍛えるには金床を前にして火箸で熱した鉄を持ち適宜に動かしながら小槌で打つ者と、向う槌といって、金床の向う側にいて大槌をふるう者とがいる。向う槌は時に二人いることもある。槌が次々におろされる間、鍛えられる鉄がだんだん刃物の形を整えてこなければならぬし、槌と槌が同時に相打ちをしてはならない。交互に調子よくトン、テン、カンと打ちおろされなければならない。この槌の使い方をためすのである。どれほど疲れにくいか、どれほど小槌の調子に大槌をあわせることができるか。それこそほんとうに火花を散らして技をきそう。

明治の中ごろ、日本に鉄工業がしだいに工場工業として発達しはじめたころ、野鍛冶たちが仲間を組んで、工場から工場を渡り歩いたものであった。日露戦争の始まるころまで、職工の渡りは実に盛んで、同時に工場荒しも見られた。私の知るある老職工などは、呉海軍工廠・大阪鉄工所・川崎造船所・横須賀海軍工廠・佐世保海軍工廠と渡り歩いた。そして工作機械の発達によって初めて一工場に腰を落着けたのであった。

このようなことは他の技工にも見られたことである。そして技をきそいつつ一人前からさらに棟梁へとぬけ出ていった。工場であれば班長・組長になったのである。

◉丁稚奉公

職人ばかりでなく商家にも相似た制度が見られたが、商家の場合には技術ばかりでなく、経営の才能をなによりも大切にした。

商家の場合には業種もきわめて多いし、店の大小もあって雇人の数も店それぞれに差がある。まず商家に最初に雇い入れるのを丁稚《でっち》という。大阪あたりの慣習からすると、親類・縁者などの推薦、あるいは取引先から頼まれることもあるが、昔はだいたい十歳前後のとき、商家へお目見えした。お目見えというのは、商家へ連れてこられて、一週間あまりもいて主人やその家族の者から見てもらう。そして雇主の気に入れば子供の親許や親類の者が、その子供についての一切の責任を負うという請状を出す。すると雇主の方は給金の一部分を親に渡すのが普通であった。つまり一種の前借形式をとるのである。

その雇うとき、長男はきらわれた。年をとると勤めをやめて帰ってしまうおそれがあるからである。また丁稚は町育ちの子供よりも田舎の子供が喜ばれ、とくに大和（奈良県）の者が歓迎されたものであった。しかし両替・呉服・太物・肥物・薬種・綿・油・塩・米などの問屋筋の大きな商人は使用人も多く、また多くの別家を出しているもので、その別家の子弟を丁稚にとる風があった。子弟たちはすでに家の商売の風習が身についており、親たちから本家を大事にすることをも教えられている。このような丁稚を譜代子飼といった。譜代子飼の方は請状は出さなくてよかった。

さて丁稚になると子供の守・拭掃除・主人のお供などいろいろの雑用をさせられた。そして小僧あるいは坊主と呼びすてにされたものである。このような小僧は店屋が会社に発達してもそのまま引きつがれ、そこでは給仕の名で呼ばれて終戦まで存在したのである。

十五、六歳になると半元服といって前髪はそのままであるが額《ひたい》に角を入れる。そして名前も幼名をあらためて、本名の頭字の下に吉か松かをつけて通り名にした。たとえば私の場合ならば常吉か常松と呼ばれるわけである。そして半人前として取扱われることになる。丁稚の間はタバコを吸うことを許されず、羽織は着られず、足袋もはくことを許されなかった。冬など寒さにふるえながらもそれに耐えたのである。そしてそのような修業をしなければ、一人前の商人にはなれないと考えたから、かなり立派な町家の子供でも、丁稚奉公に出るのはあたり前とされた。

丁稚の間の給与といえば食べさせてもらって、着物・下駄などを主人からもらう程度であった。これをおしきせといった。富家の子供が丁稚奉公をする場合には、親の方が着物や下駄など与えたが、雇主の方はそういう家の子弟も一般雇傭の子弟も区別をしなかった。区別すればほんとうの修業にならなかったからである。つまり「他人の飯を食う」ということは、つい最近までは若い者の当然経なければならない体験の一つとされていたのである。

「可愛い子には旅をさせ」というのは、若い日の修業として親たちの考えた重要なテーゼだったのである。

しかし中には丁稚を飾りたててそれを誇にする商家もあったそうで、天王寺屋五兵衛の店では丁稚に袂付の着物を着せ、鴻池善右衛門の家では萌黄裏の着物を着せたという。それはそれまでの町家の常識を破ったことであるが、それがけっして丁稚を堕落させもしなかったし、問題も起さなかったことは、かえってそういう家に奉公することを誇としたためであろう。

丁稚修業は辛いものであるが、まだ子供であるから表裏のあるものは少なく、むしろその勤めに耐えかねて病気で倒れるものが多かった。だから半元服までこぎつけるのはたいへんなことであった。その半元服をすまして、三年間稼いで十八、九歳になると元服をするが、元服しても三年間は半人前として走り使いを主にやらされた。

◉手代と番頭

丁稚の元服は、昔は前髪を剃って大人になる儀式で、主人が祝宴を開いて、元服したことを一家一族に披露する。そして木綿の紋服や羽織を与え、主家の親戚、あるいは別家・番頭・実家の両親などから帯・襦袢・羽織・紐・煙草入れ・下駄などを贈られる。

これを機会に羽織を着ること、煙草を吸うことなどを許される。また表付の下駄もはくことができる。同時に今度は手代《てだい》としての請状を親許から親類一同連印して出す。しかし元服して三年間くらいは半人前の仲間と同じように走り使いにやらされる。

その時期をすぎると支配人または番頭の指図にしたがって、仕入方や売捌方の仕事にたずさわり、時には取引上の自分の見込みをたてさせることがある。その場合、失敗して損をするようなことがあっても、支配人や番頭から叱られるだけで損害を賠償するようなことはない。とにかく商業のかけひきを身につけなければいけないのだから、時には失敗をしつつも取引の技術を身につけていく。

大きい店では手代はいろいろに手分けしてそれぞれの部署を担当する。客の応対をする者、帳簿をあずかって記入する者、出納をつかさどる者、それを検査する者、主人の外用の代理をする者、公事に奔走する者、台所をあずかる者、すべて主人の指図にしたがって行なうのである。

このようにしてその部署部署の熟練者になってゆき、何をさせてもたいして失敗もなしに商売がさばけるようになるのは三十歳ごろで、その時番頭に昇格する。そして番頭

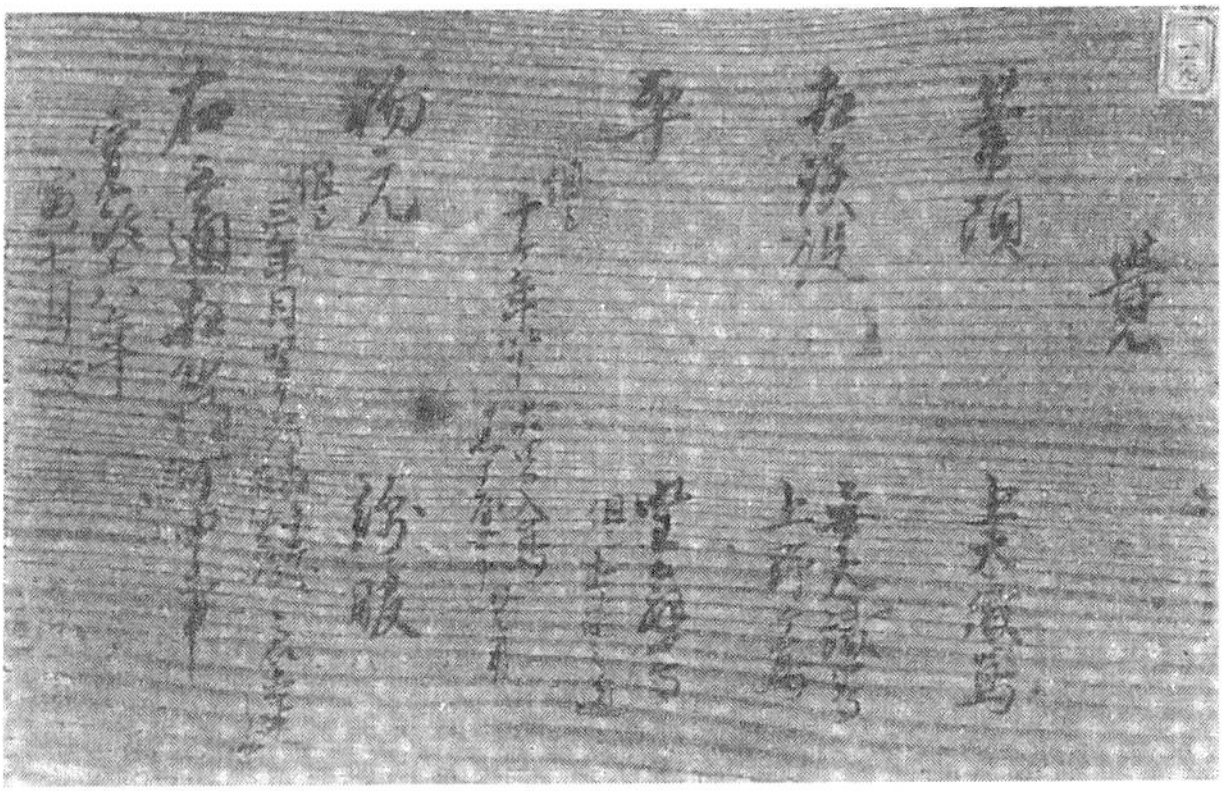

奉公人の服装規定。筆頭（番頭）は「上太織嶋」、相談役（番頭の補佐役）は「安太織嶋」か「上野ヶ嶋」、平（手代）は「野ヶ嶋」、但し十年以下の者は「相四ッ入嶋」と「黒さや帯」はいけない。初元（丁稚）は綿服、但し三年目からは「相弁慶」「相竪嶋」の衣服を着てもよいと華美をいましめ質素を旨としていた。（三井文庫）

の中の一番首席の者が支配人になる。支配人はその店の経営の全体を統率する。したがって支配人がしっかりしているかどうかでその店の繁栄はきまるものである。

番頭になると別宅居住が許され、別宅から主家へ通勤する。これを通い番頭という。しかし店によっては支配人の上に別家をおくことがあるが、その場合には別家が実権を持ち、支配人は逆に別家に追い使われて手代同様な地位におかれることもあった。

さて通い番頭になった者はそのまま生涯主家のために働いて別家の待遇を受け、その子供たちも主家の丁稚として奉公する。

中等商家の雇人は一応番頭にまで上って主家に仕えているうちに別家を許

され、また財産を少しわけてもらって、主人の暖簾《のれん》を店頭に掲げ、店を持つ者もあった。これを暖簾分けといった。そして子々孫々にいたるまで、本家の一統として主従の義を失わなかった。すなわち毎月一日と十五日は本家へ御機嫌伺いにゆき、本家に大事があればすぐかけつけて主家のために働いたものである。また別家の方に不都合なことがあれば、暖簾をとりあげられることもあった。つまり営業を停止させてしまうのである。

もともと幕府で定めた商家雇人の年季の年数は十カ年とされており、これを越えることは許されなかったために、別居制度が生れたものであろうが、一方同業者のふえることをできるだけ少なくするようにおさえるためには、番頭を別居させても暖簾分けをすることは少なく、むしろ年長になって放蕩でもして、別家や暖簾分けをさせなくてもすむように謀計をめぐらす主家もあったという。

このような子飼の奉公人のほかに、元服してから後に商家に奉公する者があった。中年者といわれ、重要な仕事はさせられなかったばかりでなく、別家も許されなかった。そのほかに一期半期の奉公人もいた。一期は一年間、半期は半年間で、これは主として商家の力仕事をしたものであり、女ならば台所の仕事をしたものである。

以上は商家の徒弟のごく一般の慣習を見たのであるが、要するに職人も商人もほんとうの熟練者であることが要求されたのである。つまり専業者になることによって、初めて交換経済は成立ってきたのであった。

◉商売繁昌の願い

商家が本家を中心にして多くの別家をかかえ、また子飼の番頭や手代をもっていても、それでなお永遠に繁栄を誇るというわけにはいかなかった。なぜなら、本家の跡を継ぐものが、必ずしも商売熱心であるとはかぎっていなかったからである。しかし家そのものは持続させていかなければならないとすれば、むしろ女の子によい婿を迎えて跡をとらせる方が安全であった。その婿に選ばれるものは多くの場合子飼の手代・番頭であった。

こうして大阪には商家で娘に婿を迎えて跡をとらせるか、娘婿を別家させて本家の後見役にするという例はきわめて多かった。

子飼の店員は河内や大和の者が多く、大和の者は働き者でとくに喜ばれ、手代・番頭になり、また婿になる者が多かったので大和婿といわれたものである。

家付の娘はわがままで、番頭を見下げていた。その番頭と結婚を強いられることが多かったから、いよいよわがままがつのって亭主を馬鹿にしてかかったが、亭主はだまってそれに順応し、また順応しながら自分の世界をつくっていった。山崎豊子の『女系家族』はそうした商家の姿を実にこまごまと描いているが、これと共通した現象が大阪の商家全般に見られたわけである。

大阪ばかりでなく、東京にも同様な現象はあった。そして老舗を守ることに力をつくしたものである。

古い商家がその家の血統と伝統を守るために費した努力は大きかった。娘に養子をもらって跡をとらせるよりも、男の子に跡をとらせる方を真実にはどれほど望んでいたかわからない。

その一つの方法として子供を里子に出したものである。里子は多く農家へ預けた。大阪の東の生駒山脈の東西両麓の村々に多く預けられたのである。比較的富裕な農家で、子供が生れて母親の乳の豊富に出るものがあれば、そういう家へ子供を預けた。そして農家の子同様に育ててもらったものである。そうすれば身体も丈夫になり、また困苦にも耐える人間になる。そして十歳近くまで里親の所で成長する。

このような制度は京都の公家の間などにも古くから見られた。できるだけ人間を素朴に育てることが重要視されたわけであるが、それが昭和に入ってから、しだいに変貌するようになってきた。子供を預かる方の側はもとのままだが、預けにくる方が、旧家の人たちではなく、正式な結婚をしなくてできた子供を預けにくる者がふえたという。そして良家の子はいつか姿を消してきた。と同時にこれらの村々でもしだいに里子を預かる熱意を失っていった。

子供を里子に出さない商家は乳母をおくのが普通であったが、それも商家では農家の人を頼むことが多かった。乳母が素朴で健康であることが何より望まれたのであって、大阪では堺の南方の農村の者が多く乳母に雇われていったもので、〝石津乳母〟といわれた。石津は堺南方の地名である。

こうして都会におけるいろいろの職業は、家職として代を重ねていよいよ専業化し、分業化し、交換経済の基盤を固めながら、一方ではたえず農村から若く新しく素朴な血とエネルギーを吸収して若返りを続けていった。そして家永続の願いは強かった。暖簾はどのようにしてでも守り続けなければならぬと考えていた。

そうした基盤に立って都市の中小企業は伸びてくる。もとより外国文化の影響や大企業の刺戟があったにしても、経済統制が行なわれるまで、このような組織と慣習が都市を支え、発展させてきたのである。すなわち経済の二重構造といわれるものの下の方の構造は、この古い伝統を受け継いできているものである。

4　古風と新風

◉信用と不正

町場と呼ぶ農村とは違った社会が発達するにつれて、農民とは違った生き方をする人たちが、そこで生活を始める。そこでは自分の身につけた技術と、よりすぐれた品物と生活に必要な物が売りものになる。農民の生活に見られるような、間に合せ主義は許されなくなる。と同時に一人前以上のものが要求されることになる。

しかもすべての生産が人力によっていたのであるから、技の向上がいよいよ強く要求されることになりながら、商品そのものはその生産を無限に高めることはできなかった。

明治の初めころまでは、都会をとりまく農村が都会で生産するものをそれほど必要とすることはなかった。都会で生産するものを農村はいったいどれほど必要としたであろうか。生きていくために必要な米麦野菜の類は農村でつくるものであり、塩も海辺の村々でつくった。鉄もその産地は中国地方や東北の山中で生産されて方々へ輸送された。家を建てる材木も山中で伐られ川を下して主として都会へ送られたのである。つまり量の多い物資のほとんどは都会が消費地であって、都会で生産されたもので地方へ輸送されるものといえば、木綿・酒・小間物・薬・書物などほんの少数にすぎなかった。そのうち木綿などむしろ田舎で織られたものが、一旦、大阪や名古屋の問屋に集り、そこから方々へ仕向けられたといってよかった。

だから都会の問屋はその初めは地方からの荷受問屋として発達したのであるが、方々に都会が発達するにつれて、都会と都会の間に物資の交流が見られるようになってくる。まず大坂から江戸へ荷物が大きく動きはじめて江戸向荷物を取扱う二十四組の問屋の結束が見られる。江戸ではこれを十組の問屋で受けつけることになる。

大坂と江戸の間ばかりでなく、それぞれ地方都市との間の取引も問屋によって行なわれた。そして農村の必要とする都市での生産物は、ほとんど行商によってまかなわれたのである。衣類・小間物・薬などは行商によって村々の隅まで広まっていった。

つまり封建社会にあって、都会が農村に対して働きかける力はきわめて弱いものであった。したがって、職人たちのつくり出す品物も一般大衆を相手にして、つくっておけば誰でも買ってくれるというようなものは少なく、たいていは注文に応じて作ったものである。「商品は自由である」といわれるがけっして自由ではなかった。と同時に消費者と生産者の間には密接な関係があった。したがって商人の間にあっては信用を第一にしていた。相手の気に入るものをつくらねば商品にならなかったからである。

しかし僅かばかりの得意を相手にしていたのでは生活がたたないので、見知らぬ世界にいる者の消費をねらった商品もつくったが、それらはいずれも粗悪品であり、粗悪品は市や地方の行商によって売りさばかれた。したがって市で露天商人から買うものは粗悪品が多かったし、また行商の持ち歩くものにも粗悪品が少なくなかった。

露店の野菜売（那覇市）

大阪の南の勝間《こつま》は多くの行商人を出し、勝間《こつま》商人《あきんど》と呼ばれていたが、この仲間は粗悪品を巧みに売りつけるので知られており、奈良県・京都府などの山中を歩いていると、「こつまの蚊帳でこの上なし」という地口《じくち》が残っている。勝間商人から「この上ない上等の蚊帳だ」といって買わされた蚊帳を吊ってみると天井がなかった。ひどいことをするものだと、その翌年やってきたから詰問すると、「だからいったでしょう、上がないと」と答えて平然としていた。そこでどうしようもないものを評するとき「こつまの蚊帳でこの上なし」というようになったという。

正直とウソがこのように背中合せで共生しているところに、古い商《あきない》は成立ったといってよかった。

◉御用商人

つまり仲間の間では、正直と義理は何よりも大切なものであったが、仲間以外の世界では人は何をしてもよかったと考えていた。「旅の恥はかきすて」という言葉も「商人と屏風は直《す》ぐうちゃ立たぬ」という言葉も本質的には一つのものであった。

そして世の中の恩とか義理はきわめて重んじたが、世の中とか世間というのは自分を中心にして自分のかかわりあっているごくせまい仲間内の世界のことであった。そのような意識は今も民衆の中に強く残っていて、それによって人々は行動した。今日考えられている社会というような自分のかかわりあいのある世界以外、いわゆる他所《よそ》を含めた世界をも対等に見る観念はなかったのである。そして他所で行なわれていることで、自分たちの世間で行なっていることと違ったものがあれば、それはすべて軽蔑や嘲笑の対象になったのである。

近江も伊勢も多くの商人を出した所である。とくに伊勢の商人は早く江戸に進出し、江戸で店をもってもその屋号に伊勢をつける者が多かった。「伊勢丹」などはそのよい例である。近江は行商を主にして中部・関東へかけて目ざましい発展をとげ、そうした成功者に対して面と向っては尊敬したが、かげでは「近江泥棒、伊勢乞食」などと軽蔑したのであった。同時にそういう悪辣な商人も中には交っていたのであった。同様に大阪の商人を「上方の贅六《ぜいろく》」といって笑った。

仮にそのような生き方に学ぶべきものがあったとしても、それは自分の属している世間には通用しなかった。自分の住む世界にはまた一つの掟があり、それを動かしたり破ったりすることは容易ではなかった。したがって自分の住む世界の中で、分を知り分に応じて生きていく以外に安定して生きる方法はなかった。

そして商人社会の中にあっても実にこまごまとした秩序と制約があったものである。まず商人の間では公儀へ出入する御用商人が大きな勢力をもっていた。職人も御用職人は平職人に対して威張っていた。公儀の御用をつとめることが誇であるということは、公儀の持つ力が絶大であったことを意味する。

そこで一つの例としてお茶壺道中をあげよう。これは特異な例であるが、しかしこれに似たことは国内いたるところに行なわれていた。

将軍徳川家光が、寛永九年（一六三二）に京都宇治の茶を飲みたいと思って、そばに仕えているお茶坊主二、三人に茶壺を持たせ、徒士《かち》頭に走衆四、五人をつけて宇治へ茶をとりにやった。ところが、貞享ごろ（一六八四〜八八）、この茶壺は木曾街道から甲斐の谷村《やむら》への道をとり、そこの風穴にしまい、そこから江戸城へもっていくことにした。そのころになると、この茶壺道中はたいへん物々しいものになり、人足百六十二人、御伝馬十七疋で運ばれることになり、その警護は馬鹿げたものになってくる。そして茶壺は宿場へつくと本陣（大名のとまる宿）に持ちこまれ、四十人以上の人が警固し、大名道中と同じように取扱われた。後にこの道中は東海道にきりかえられた。すると参覲交代の大名と行きあうことがある。茶壺お供の仲間は将軍の威光を笠に着て横暴をきわめたがどうすることもできなかった。民衆はこの茶壺にはずいぶんおそれをなしたものである。今もはやっている童唄に、

ずいずいずっころばし胡麻味噌ずい
茶壺に追われてトッピンシャン
ぬけたらどんどこしょ

というのがある。意味はよくわからないが、茶壺の横柄を諷刺したものといわれている。茶壺すら大名なみということになると、その茶を提供する御用商人の権威もたいへんなものであったことがわかる。

◉身分と職業

御用商人になるには実力によることも多かったが、公儀への献金の多いことで認められる場合も少なくなかった。そして幕府は幕府で、藩は藩で多くの御用商人を持ち、それらには苗字帯刀を許した。商人は公儀の権力を背景にして権勢を誇り、莫大な利益をあげた。経済的な実力によって繁栄したものでなかったことは、明治初年に廃藩置県が行なわれ、公儀の庇護のなくなったとき、その大半が没落してしまったことでわかる。

それ以後の資本家たちが明治政府に結びつくことによって、いわゆる政商になることによって、皆異常な発展をとげていることはすべての人の知るところである。公儀の力を背景にする者がもっとも権力をふるったことは、一応別にするとしても、一族内における秩序のようなものでも実にきびしいものであり、本家を中心にして、別家筋の者は一日・十五日には本家へ御機嫌伺いにいったし、吉凶の際は本家のために骨身をおしまず働かなければならなかった。

私は青年時代にしばらく大阪府の堺に住んだことがあった。ここには古くから栄えている商家が何軒かあった。その中に醸造業を営んでいる家があって、本分家ともに名望家として知られていたが、分家の主人が本家の前を通るときは、中に人がいようがいまいが必ず頭を下げた。分家の主人は市長をしていた。市長をしていても、本家に対する礼儀を失ってはならないとされていた。さて、家の中に入れば支配人・番頭・手代・丁稚ときちんとした階級があり、階級間の挨拶の仕方も違っていた。

また町人の中でも家主は尊ばれていた。たくさんの家作を持ち、その家を人々に貸し付け、家賃で生活をたてている者は世間から旦那といって尊敬された。遊んでいても、収入があって楽に暮せるということが、人間の理想とした生き方であった。

貴族も武士も何もしないで暮すことができたばかりでなく、あくせく働く者の上にいて尊敬されたのである。そして働きの激しい者ほど軽蔑されたのであった。家主の尊ばれたのは家主は貴族でも武士でもなかったけれど、働かないで、資本の利潤だけで生活

建物も立派で、広大な地主の屋敷（茨城県筑波町〔現・つくば市〕）

できたからである。

同様なことは農村の地主に対してもいえることであった。広い農地を持ち、それを小作人に貸し付け、小作料で生活できるということが農民の理想であった。そしてその理想や夢はけっして人々の間から消え去っていない。農村の人々の農業嫌いの一つの原因はその楽《らく》にしていても生活できるという夢が都会でならば農村よりも容易に得られるということにある。

さらに職業の中にも貴賤があった。それはすでに長々とのべてきたところである。大まかにわけて士農工商があったが、細かに見てゆけば、さらに複雑に分れた。そして物乞同様の門付をする者や、死者を取扱ったり、死んだ牛馬を取扱う者がもっとも卑められた。

それらのことにからんで、貧しい者も軽蔑された。誰かに頼らなければ生きてゆけないということが理由であった。逆に金を持つ者は、昔から有徳人とか長者といって尊ばれたのである。

いろいろの職業の中でも、将来、金持になれないようなもの、振売とか、竹細工・藁細工のようなもので生活をたてる者も軽蔑されている。

そのような考え方は、今もなお庶民社会の中に底流のように流れている。そしてそういう社会からはできるだけ早く抜け出したいというのが庶民の願いでもある。農民にかぎらず、軽蔑される職業からは一時も早く抜け出したいと願っており、したがってそういう職業は急速に姿を消しはじめた。

と同時に、よりよい職業と社会的な地位につくことに、多くの人が努力するようになってきた。大学の乱立などもそのあらわれである。

◉家職の崩壊

ごく最近まで、職業は家職として受け継がれてきたものが多かった。

ところが明治になって新しい職業が次々に起ってきた。官吏・会社員・工場労働者・新しい交通業者など、すべて今までの世界になかったもので、新しい職業の発達はしだいに家職の観念を破っていった。

家職は家を永続させるための手段として大事に守られてきた。そのあらわれは名前のつけ方などにまず見られた。とくにそれは大きな商人の間に強かった。たとえば三井家は代々八郎右衛門を襲名し、住友家は吉左衛門を継承した。商人ばかりでなく、農家にも近畿地方にはかなり濃厚に見られている。親の名を継ぐことによって親と同じように仕事を受け継ぎ励むことを誓ったものである。

そして個人営業の店では今もなおこの傾向が見られるのである。

家職を継ぐ意識は農民の間にも強い。家職としての百姓はどうしても長男に継がせたいという気持は今も強い。ただしそのように受け継がれていくほどの家職には相当の財産と誇がついているのであって、身分の低い方にはその気分は薄れている。

明治の初めごろまでは人名のつけ方にも職業や身分がほぼうかがわれた。左衛門・右衛門・兵衛などのつく者は村の中でも身分の高い者に多かったし、商人であればかなり大きい経営を営んでいる者であった。そして左衛門のつく者には本家筋が多く、右衛門には分家筋の者が多かった。身分の低い者には吉・助・松・郎や数字のつく者が多く、神主や中世以来の旧家には右京・左京・右近・左近・右門・左門あるいは国名をつける者もあり、大夫のつく者もあった。能登の時国家の古文書を見ていると、代官から「おまえの家はどうして右門というような名をつけて、百姓名をつけないのか」と質問されたものが、残っている。それに対して、中世以来の旧家であって百姓名は名乗ることが少なかったのだと答えている。

また漁村などでは左衛門・右衛門などとつくものがほとんどなくて、蔵・郎・吉が非常に多くなってくる。そして代々名前が変るにしても、下の字に蔵・郎・吉などを用いることはたいして変らなかった。

そのような身分、あるいは職種はその人々の服装などによってもうかがうことができた。商人ならば袂付の着物に角帯をしめ、前掛をかけているとか、百姓ならば筒袖の着物に股引をはくとか、大工ならば腹掛に法被《はっぴ》股引というように。そして法被には職業をあらわすしるしが背中に入れてある者が多く、それを見さえすれば、職業もおのずからわかったものである。そしてそういうものを着ることを誇にもしていた。

しかし家職の観念が消えてきた戦後にあっては、そのような仕度は仕事場以外では見かけなくなってきた。たいていの職人たちが作業場へいくまでは洋服で、作業場へいくと仕事着に着かえるようになってきた。通勤服と事務服がはっきり区別されるようになり、町の中を歩いているときは何職の人かわからなくなってきた。

それは家職の観念が消え、職業が生活をたてていくための単なる手段になってきたことを意味するものであるが、同時に職業に対する貴賤観にこだわる気持の強くなってきた事を意味する。大工であり左官であることを見られるのに引け目を感ずるからである。

明治期の職人の姿。右は椅子つくり、左は桶屋と植木屋

しかし職業は家職として受け継がれたために、農民の間に合せ的な自給技術の中からはじめてプロフェッショナルなものを生み出していったのである。だが今その精巧な作品は職人の熟練ではなく、すぐれた機械が生み出し始めたことによって、家職的なものが、特殊な技術を必要とするものを除いて、崩壊し始めたのである。

◉ 技術者軽視

家職を崩壊させていったのは、明治以来の新しい産業が生み出した新しい職業であったことは、前述の通りであった。しかし新しい職業の中にも前代の貴賤の観念は残った。そして会社に勤めても工場に働く職工のもらうのは賃銀であり、デスクに坐って事務をとる者のもらうものは給料であった。その上、工場の方には今日も社外工と呼ばれる日雇労働者的な臨時工が多い。しかもこの区別は今なおかなりはっきりしていて、職工が事務社員になることは少ない。もとは絶無に近かった。

また技術系の人は事務系の人に使われるのがあたりまえであり、技術系の人が会社の重役になるというようなこともほとんどなかった。そこには古い職人を待遇する態度がそのまま持ちこまれていたのである。たとえば土木建築の工事がなされても、讃えられるのはその工事を直接担当した大工や石工ではなく、その工事を計画し出資した人であった。

私はかつて熊本県の石橋を調べて歩いたことがあった。熊本県の山間部には目を見張らせるようなすばらしい石橋がいくつとなくある。それが深い峡谷の上にかかっている。

それらの石橋をかけるために苦心して資金を集め、計画した人の名は今もよく伝えられまた人にも知られている。矢部町の通潤橋という見事な石橋をかけた布田保之助の名は県下に知れわたっている。しかしその直接橋の工事を行なった石工たちの名を記憶している人は少ない。この石橋をかけるのに中心になって働いたのは、八代市に隣接する東陽村種山の石工たちであった。彼らはいつのころからか、すばらしい架橋技術を伝承した石工であった。そして早くから熊本県下ばかりでなく、鹿児島県下まで出かけて石橋をかけている。鹿児島市にかかっている西田橋をはじめ高麗橋・武之橋などの石橋も種山の石工のかけたものであった。そしてそのように高い技術を持つ者は、その技術が他に漏れることをおそれて、大工事などのあったときは暗殺されることもあったという。

土地の庄屋布田保之助によってかけられた通潤橋。工事にあたったのは、八代に近い種山の石工たちであった。（熊本県上益城郡矢部町〔現・山都町〕）

鹿児島の石橋をかけた石工岩永三五郎も、鹿児島県の伝承では工事が完成して種山へ帰る途中、国境の峠で殺されたことになっているが、熊本県の伝承では情ある武士に助けられ郷里へ帰って名を改め、その後も石橋の工事をして歩いたという。

技術そのものは大切にされつつ、技術者はきわめて粗末にされていたことを物語るものであるが、それが武家時代の社会の技術伝承の姿であったといってもよく、そのような物の考え方は新しい時代がきても容易に改められなかった。

石工にかぎらず、大工なども棟札にその名を残すくらいで、施主となった者の功績として、出資・計画者たちの名のみが大きくうたわれている。

仏像のようなものさえ、作者の名のわかっているものはほとんどない。ただ黙々としてこれを刻みつけたにすぎない。それが芸術的にすぐれているとしても没個性的であるのが日本の仏像の特色であるとされているが、作品を残すだけで作者の名を残すことが目的ではなかったからである。そしてそのような伝統は容易に消えなかった。

職人の世界では技能を教える者を師匠といった。その師匠という言葉の生きている社会には古い職人の伝統と職人気質が残っていた。名は残さずとも技を残すという根性のようなものであった。彼らは社会的地位の上下はそれほど気にしていなかった。

同じ師匠と呼ばれるものに芸能の世界があるが、そこでは多くの流派を生んでいっている。流派もやはり個性的なものではなくある一つの枠にはまった様式を伝えていくものので、そこには職人社会と共通するものがあった。技術や芸能が芸術という言葉におきかえられるようになり、師匠が先生と呼ばれ、作者の名が大きく浮び上ってくる。

◉古風の残存

新しい資本主義産業の発展と都市の発達によって、家職がしだいに消えていき新産業にともなう新しい職業観を生み出して、職業には貴賤はないという意識はかなり強くなってきており、戦前までは聖職と考えられた教育すらが一般の労働にまで下りてきた。同様に、卑賤と見られた職業への蔑視観は著しく薄らいできた。それは家職が崩壊して個人の就職が自由になってきたためであるが、それで職業の貴賤観が消えてしまったわけではない。

逆に個人の学歴が新しい階級観を生み出し始めている。中学を卒業して就職するものは昭和三四年ころには五十三パーセントまでが第二次産業に従事している。それまでは農業に従事していたのである。農業から工業へ就職するようになっていったのであって、第二次産業への就職はそれほどふえていない。

ところが高校を卒業した者は五十四パーセントまでが第三次産業——つまり事務系統であり、第二次産業にしたがうものは三十六パーセントである。つまり中学を出ただけの者は肉体的労働にしたがうものが多く、高校出身は事務的職業につくものが多い。

さらに大学を出たものは肉体的労働にしたがうものはずっと少なくなる。

農業についてみても学歴によって農業に就職する人の割合がちがってくる。中学卒がもっとも多く、高校卒がこれにつぎ、大学卒は年間二百人足らずにすぎない。第三次産業の場合はその逆になる。つまり大学出の大半は第三次産業へ就職する。

それればかりではない。学歴によって就職時の給料や待遇も違い、そしてそれはそのままその前途にまで持ちこされていく。すなわち会社の幹部になる者の多くは大学出身者であり、高校出や中学出で幹部社員になる者はきわめて少ない。官庁ではこの関係はもっとはっきりしてくる。大学を出ている者のみが課長になり局長になることができる。職業に対する貴賤の観念は、こうして依然として、新しい形で、持ち伝えられることになった。

よりよい職により有利につくためには大学を出ることが重要な条件になり、しかもその学校が有名校であることが必要である。それで就職時の待遇も、将来の地位もほぼきまるのである。大学の繁栄はこうして起った。

しかし大学さえ出れば、社会的な待遇はよくなるかというと必ずしもそうではない。東京のある大きな出版社では郷里から貧しい家の子弟を入社させて雑用に使いつつ、夜学に行かせて勉強させた。そして資格を得て正式社員になり、重役になった人もあったが、最近は最初から大学を出て就職する社員が増加し、小僧として入社したものが大学を出ても、昼間大学出が小僧組の昇進を拒否するようになったといわれる。

さらに中学・高校卒業者までは職業安定所の斡旋が主になる。古い口入屋の伝統に立っているものである。しかし大学出の就職は縁故者によるものが少なくない。それは古い富商たちの雇傭形式が受け継がれていることになる。形式としてはかなり変っている。いわゆる丁稚から手代・番頭と年齢に応じて昇進するのではなく、いきなり手代なり番頭なりの地位につくわけである。しかし縁故入社であることによって幹部社員になることが約束され、昔の一家一族的な気風はそのまま持ち越されている。大きな会社の社員でも「うちの会社……」と家族的な雰囲気で自分の属する企業を見る。

だが昔と違うところは、その下に職業安定所を通じたり、一般公募したりした社員層の労働者意識に基づくつきあげが見られるようになったことである。

こうして新しい社会の中に古いものが生きつつ、新しい生産を担っている。

5　町に集る人々

◉余り者

日本の古い町が職業的にどのようにして形成されてきたかを見てきたのであるが、それでは明治以後の新しい産業の発達を、人々はどのように受けとめて自分のものにしたかについてふれてみたい。東洋にあって西欧文化をほぼ全面的に受け入れ、自分のものにした最初の国は日本であった。非東洋化することによって近代化したといわれているが、そしてそれについて近代化していく面からは今日までいろいろ論ぜられているが、私は古い面、すなわち民俗的な面からこの問題にふれてみたい。

そのまえに今までのべてきたことをもう一度ここでまとめてみたい。

農村国家として発展してきた日本は、自給を原則として、自給経済を維持するための村を形成して進んできたが、その村にはさまって職業集団の村が見られた。部曲の民である。その部曲の民は豪族にひきいられ、後には朝廷に直属するようになり、それらの中には高い技術を持って貴族文化の形成に貢献するが、中央政府が力を失うにつれて、徭役的なものから解放され、その技術や作品を売って生活をたてることを工夫するようになる。

次に農村の自給には初めから限界があり、また農村自体の中にも交換経済を目的とした村もあり、それらの交易は村民自身の手によってなされることが多かったが、一方、専門の商人が交易に従事するようになり、その人たちは村の中に住むこともあるが、別に市の付近などに集り住んで町をつくってくる。

と同時にそういう町に集った職人や商人はその仕事、その商売で生活をたてることによって専業化して、素人的なものから抜け出していく。そのうち職人たちは古い部曲の流れをくむものが多く、その特権を守るために貴族や社寺に特別の関係を持つことに心がけ、座や仲間を形成する。そして家職として技術や営業が続けられることによって専門化し、より高い商品を生み出していった。それらの商品の多くは人手によってつくられたものであった。

ところが明治に入って資本主義経済の波が滔々として日本に入りこみ、工場工業が発達して来、にわかに都市が発達しはじめる。

これを受けとめ、支え、自分のものにしたのは日本人自身であった。ではそれをどのようにして受けとめたであろうか。

古い産業や職業のうち外国の商品・技術と競合しないようなものはそのまま家職として残っていった。大工・左官・野鍛冶・衣類・食料関係の営業のようなものであり、また商品流通をになった問屋や行商なども残っていった。

それでは工場の労働者・会社事務員・官庁の役人、あるいは土方のようなものには誰がなっていったのであろうか。

それはやはり古い組織や慣習を母体にした中から、新しいエネルギーがはじき出されていったのであった。原始産業は自然とその環境を対象にして成立っており、自給を中心にした村が人口がふえてくれば、その生産領域をさらに周囲にひろげていかなければならないが、周囲にも村があり、村と村の境が接しておれば、自分の村の拡大はできなくなる。するとふえただけの人口は村以外のどこかへ出ていくか、今までの村の職業以外の職業によって生計をたてていかなければならなくなる。出稼がそうして起ったことはさきにものべたところであるが、村で余り者になるのは多くの場合、次三男であった。その次三男を吸収することによって都会の商業が成立ってきたことは前述した通りである。

つまり、次三男は他の職業につくのであれば生きる余地があった。

◉新産業と次三男

子供は生れると大人になるまでの間、いろいろの年齢通過儀礼をしなければならない。生れて七日目に名付、百日目に食い初め、一年たつと誕生祝い、二歳または三歳のときカミオキの行事があり、またヒモオトシをするところがある。付け紐をとって帯を結ぶようになる。五歳になると昔はハカマギをした。これは七歳にやるところもある。十歳になればトウゲの祝い、十三歳にはヘコ祝いとて男は褌、女は腰巻をするようになり、十五歳から十八歳くらいの間で元服する。

ところがこのような行事が一通り守られ、その折々の祝いに人を招いて御馳走したり、また祝儀をもらったりするのはたいてい長男と長女に限られていて、次男以下はたいして祝いらしいものもしてもらわなかった。そして土地によっては嫁ももらえず分家も許されず、兄の家で一生を終るものも少なくなかった。そのような風習は山村ならば明治末まではいたる所に見られた。妊娠中におろされたり、生れてから処分されたりしなかっただけ人道的であったといえるであろうが、しかしその生涯はみじめなもので、生れてこなかった方がよかったような者の方が多かった。

僅かばかりでも土地をもらい家を建てて分家することのできるのは次三男にとっては幸せというものであった。

それが、村にいて土地はもらわなくても、家だけ建ててもらえば、どうにかやってゆけるようになったのは、村の中に農以外の仕事がふえたり、町やまたは遠くへ働きに出れば働き口があるようになったからである。いや村の中にも働き口はふえてきた。

昔は街道筋を除いて村の道は幅がいたってせまかった。その道が広くなって荷車や馬車が通るようになると、荷物運搬の仕事だけでもずいぶんふえたものである。

また方々にいろいろの工場ができてきた。製糸・紡績工場のように女の労力を必要とするものから、鉄工場・醸造工場・マッチ・ガラス・セメント、また陸海軍の工場などができて多くの職工を必要とするようになる。そうしたところへ吸収されていったのは次三男が多かった。大阪の商家が、丁稚を雇うのに次三男ならば農家へ帰ることはないからといって、次三男を雇ったように、工場でも永年勤続してもらうにはそういう人たちがよかった。

また、次三男がそういう所へ吸収されるのであれば、産児の制限をする必要もなくなったのである。生れた子が育てば働き口はどこかにあった。新しい職業は家職ではなかった。そして師匠につく必要もほとんどなかった。だから子供が成長すれば伝手を求めて新しい職につけてやりさえすればよかった。

つまり昔からの次三男の処分の仕方が、そのまま新しい産業を育てていくことに役立ったのである。

もう一つあった。村の地主たちは比較的分家も多かったが、幕末のころになると、その分家もむずかしくなり始めていた。土地をわけていくうちに本家も分家も小さくなってどうすることもできなくなる。そこで次三男には勉強させて、収入も多く待遇もよい所に就職させて、村内へは分家をさせないことにした。だから村の旧家ならば、たいてい都会に分家を持っている。それらの分家が都会での新しい知識や事業の担い手になる。

明治時代の新しい工場の芝浦製作所。上から発電機製作場、鋳鉄所、鍛冶場

東北地方を歩いてみると、旧家で東京に分

家を持っていないという家は数えるほどしかない。

こうして農村の次三男の古くからの処分の仕方が、新しい産業のための知識や労働力になって新しい産業を発達させていくことになる。

◉新産業と中小農

一方、交通の発達から村の戸主たちの出稼の範囲も広がってくる。そして新しい事業にも吸収される。明治になって土木工事や建築などの人夫仕事は著しくふえた。そのほか北海道のニシン場などもつい最近まで目ざましい繁昌ぶりで多くの労力を必要として、ニシン親方は東北の村々へ漁業労働者を募集に来た。村にはたいていニシン場の船頭がいて、船頭のところへ頼みにゆけば、船頭は親方と賃銀のとりきめをして、労働者の雇傭をし、仲間を組んで北海道へ出かけていく。この仲間をヤン衆といった。

新潟地方からは長野・群馬地方へ養蚕時期になると何万人というほど雇われて働きにいった。このような季節的な稼ぎには一家をかまえている百姓が農業の傍ら多く出ていったものである。

こうした労力が地方の新産業を起しただけでなく、都会へもおびただしく流れこんできていろいろの仕事場の手伝として働いた。東京や大阪で掃除人夫として働いている者の数だけでも何万という数字になるであろうが、いずれも古い出稼の伝統にしたがったもので、家は郷里に持ち、農繁期は自家で働き、その時期をすぎるとまた都会へ出てくる。不景気で仕事のないときは家にいる。賃銀も安く、まったく使いやすい労働者であった。身分保障すらもしなかったし、厚生施設をすることもなかった。またこれら労働者の住宅の問題を心配する必要もなかった。

つまり僅かな労賃で優秀な労力を使うことができたのである。そしてそれは今日もなお続いている。むしろ今日の方がより多くの農家労力を出稼形式で吸収するようになっている。

私は昨年暮に門司で、二人の出稼者といっしょになった。日豊線で宮崎へ帰るとのことであった。秋田県八郎潟の干拓工事に雇われていっていたが、正月なので帰るところだと話していた。土地の親方についていったのだといっていたが、宮崎のようなところから秋田まで稼ぎにいくとはたいへんなことだと思ったが、つい最近までは北九州の炭坑へ稼ぎにいっていたけれど閉山になって秋田まで行くようになったとのことであった。ふるさとに五反ほどの田畑があり、家があり妻子がいるということによって、今もふるさとに結びつけられて、一年のうちの僅かの間をふるさとですごし、大半は旅で暮しているのである。村の農夫の半分近くが出稼に出ているという。

日本の都市も新しい産業も、古くからの産業の発達にともなって新しい産業が進展してきたのではなくて、古くからの産業構造はそのままにして、その中に含まれている古い家族組織や労働慣習に基づいて新しい産業と産業社会を生み出してきたといっていいのである。そしてこの古い慣習や組織が今日の日本の繁栄を生み出しているともいえるのである。

そしてむしろ国の端々では出稼は前にも増して盛んになっている。一つの町村で千人を越える出稼者を出しているところは珍しくない。東北・北陸ならば稲刈をすますと出ていく。そして田植時期までは旅先で働いてくる。昔は、

酒屋米搗は麦種の生れ、家で年越すことがない

とて酒蔵稼をなげいたものであった。たいていの出稼は、正月には家に帰ったものであったから。しかし今日の出稼はその正月を家で迎える人は少なくなってしまっている。南から北へ稼ぎにいっている宮崎の農民には正月があろうが、北から南へ出ている者は、冬の間はどこかで働き続けている。そして貧しき者の出稼の系譜は昔から今まで、まだ断ち切られていない。そしてこれからも続くであろう。ということは村の暮しは中小農たちの場合は自給を主体としたのでは、もうたてられなくなってしまったからである。

◉女中奉公

女性の問題についてはすでに和歌森太郎氏の『女の一生』（本双書〈日本の民俗〉第6巻）がある。しかし生業の中で女の占める位置を考えてみたい。女が昔から働きものであったことは中世の説話文学にも十分うかがえることであったし、女の出稼や行商についても、前述した。

が、農家の若い娘たちは主婦の地位につくまでは多くの困苦を背負わされていた。家

が貧しくて生活に困るとまず売るのは女の子であったし、また女の子の町家などへの奉公口は男より多かった。そして町の周囲の村々からは町家へ娘の奉公が見られた。これは一年半期の奉公というよりも、嫁入までというのが多かった。

九州島原・天草などでは古くから長崎へ奉公に行く者が多かった。それも一般町家よりはシナ人の家に奉公する方が賃銀もよかったという。たいていは先輩が稼ぎにいっていて、その年上の娘について出ていったものだという。親が公然と許すということはほとんどなく盆正月などに帰ってきた娘としめしあわせて出ていったものであるという。

女中奉公

赤坂宿の飯盛女。宿屋は農村の若い女性の働き場所の一つであった。（安藤広重画）

もとよりその親たちも出稼にいっていたものであった。だからきびしくとどめることはなかったが、表面上許すことは少なかった。若い時期をそこで奉公して垢ぬけしてきたころに、たいていは郷里の方で嫁入口を見つけて親が呼びよせて村の男と結婚させる。

娘の農家以外への出稼は西日本では昔からきわめて盛んであった。今でも人口統計など見ると、十五歳から二十五歳までの者で村に残っているのは男の方が多い。つまり女はどこかへ出て働いているのである。ところが二十五歳をすぎると村に残る者は女の方が多くなる。かえってきて結婚してしまうと、もう家に釘付けにされてしまう。

若い娘が農以外の場所で働く風のあったのは古いことであった。街道筋の茶屋や宿屋にはおびただしい。よく引かれる例だが、天保一四年（一八四三）に、品川宿にいた女郎の数だけでも千三百四十四人であったという。これは各宿場にいたもので、飯盛女《めしもりおんな》の名で呼ばれていたものであるが、宿場・船着場には大なり小なりこの種の女がいて、男の相手をしていたわけであるが、女たちにとってはそういうことも奉公の中で、下女奉公とたいした区別はしていなかった。

明治になって海外の渡航が自由になると九州・中国地方の女たちで海外へ渡航した者が少なくなかった。大正の初めにフィリッピン、マレー半島などに渡航していた日本人は九千人あまりであったが、そのうち三千人は女であった。ほとんどがだまされて出ていったのであるが、女たちが町家へ水仕《みずし》奉公に出る慣習のあったことが、このような現象を生んだのであった。

そしてこの水仕奉公が紡績工場や製糸工場の女工稼となっていく。水仕奉公よりは工場の方が儲けがよいということから工場へ行くようになる。たいてい十二、三歳から出ていって嫁入まで稼いでくる。

奉公の中では町家や武家へ奉公するのが一番よいとされた。行儀作法を見習ってくるからであり、しつけもきびしいから嫁いで役に立つと考えられた。だから良家の娘も下女奉公には出ていった。大阪を中心にした上方地方ではこうした奉公をシオフミといっており、シオフミをしてこないとよい嫁入口がないとさえいわれていたほどである。

長崎県の五島では福江城下の武士の家への奉公は一種の義務になっていて、三年間は必ず勤めたものであったというが、とにかく娘の奉公には教養の意味もあって、若い時代に広い世間を見る機会が与えられた。

だが貧しい者は少しでも金になるようなところをと、遊女にもなれば女工にもなったのである。私の郷里（山口県大島）など三百戸あまりのところで奉公に出ていない女は寺や神主や地侍のほか、ほんの二、三軒程度で、大正の終りごろ、娘であったものは皆奉公の経験を持っている。

◉女の都市集中

西日本の娘たちが、農家以外へ奉公に出ていったのに対して、東日本では農家以外の働き場が少なかったので、むしろ大きな農家への下女奉公が多かった。そして奉公に出るのも中以下の農家の子女が主であった。明治の終りごろでも一年の給金が十円ほどであった。さらに貧しい者が身売される風習は西日本と変りがない。

明治時代も終りごろになると製糸工場の女工として働く者が多くなってくる。東北から関東へかけては養蚕が盛んで、小さい製糸工場がたくさんできた。そうしたところへ稼ぎにいったものであるが、一村の娘がこぞって出かけるというようなことは少なかった。

しかし、関東・中部では、娘の出稼は多かった。それも養蚕農家や製糸工場へ出かけたもので、若い者が他人の飯を食べる機会は割合に多かった。製糸工場で働く場合など、村に娘を世話する婆さんがいて、口入屋に頼まれて娘をくどいたものだという。またその婆さんに頼んでおけば口入屋を通じて奉公口も探してくれた。

良家への奉公などもしっかりした口入屋を通じてなされたものであったことは、森鷗外の『渋江抽斎』に見えている。抽斎の後妻山内五百が結婚以前に女中奉公に出た話がある。口入屋を通じて奉公先へお目見えし、気に入らねばこちらから引下ってきたという。主従の契約をするまでは対等であったことが見えて面白い。

江戸―東京のように大きな町で古くは武士の町であり、明治に入っては官僚の町であった所では、小間使・下女の需要は大きくて口入稼業は多かった。そしてその口入屋を頼りに農家を家出する娘も多かった。その伝統ともいうべきものは今も続いていて、上野駅で下車する家出娘は後をたたない。

若い男が村を出て行けば、娘も後を追って町へ出てくる。娘が町へ出れば若い者もまた出てくる。若い女のいない世界に若い男たちは魅力を持たなかったし、若い男のいない世界に娘たちはまた未練を持たなかった。それは西も東も変りがなかったのである。

しかも若い女たちの方が時勢にはいつも敏感であった。女はいつも不利な立場におかれていただけに、いつもよりよい世界を求め続けていた。その上、女には男のように受け継ぐ家はなかった。一度はその生れた家を出てゆかねばならぬ。そして次に新しく住みつく家が同じ村の中にあるにしても一度は広い世間を見たかった。まして男を選び、婚家を選ぶ自由があるならば、現在自分のいる境遇よりもさらによい境遇を相手の男、相手の家によって得ようとした。

したがって男が村を変えていく力よりも、女が村を変えていく力の方が大きいともいえる。男の離村よりも女の離村の方が目立つようになって、はじめて農村がもとの形のままではすまなくなってきたことに、皆気付いてきたのであった。

古い村の伝統が今急に断ち切られたような形になってき始めたのは、若い娘の離村がもっとも大きい原因をなしている。嫁にする女のいない所へは若者たちも帰って来ないし、跡をとる長男もまた都会へ出て行かざるをえなくなる。そうしなければ、嫁をさえ得られないからである。

しかも女は町にみちあふれるようになってきた。一つは下女奉公や女工のほかにいろいろの職場への就職の機会がふえてきた。そして次三男が村を出て行ったような勢いで村を出てゆきはじめた。都会での女の職場には激しい労働をともなうものは少ない。そういう世界へ就職の機会がふえると、若い女が滔々として村を捨てはじめたのはまた当然であったといえる。村の中での女の仕事の大半は重労働だからである。

かつて若い女が村を出ていくのは下女奉公・女工・接客婦としてであった。その中の接客婦は現在東京のみだけでも百万を数えるという。こうした女の占める比重はこれからもいよいよ大きくなっていくのではなかろうか。

一方女のおびただしい離村は、家業としての農業をつきくずしはじめている。家職・家業がしだいに姿を消して、子が親の職業を継がなくなることが一般になったとき、また出稼から解放されたとき、初めて近代化したといえるのであろうが、そこまではまだまだ遠い距離があるように思う。

あとがき

私はさきにこのシリーズで『民俗のふるさと』（第1巻／現・河出文庫）を書いた。そこでは都会の中に多くの田舎の風習の残っていること、それは町を形成した人々が田舎出であること、では町がどのように形成されたか、村とはどういうものであったか、村から町へ人はどのように移動していったものであるかを見ていったのであるが、その中で、人はどのように生きてきたかという問題についてふれるところが少なかった。そこでほんとうはその問題も含めつつ、一冊にまとめていい問題を二つにわけて、本書はその下巻のようなつもりで書いたのである。

今までの経済史や産業史によると、問屋資本とか都市中心の流通機構のみが大きく取扱われてきているが、実際には都市を中心にした商品生産、商品流通は国全体から見れば農村および農業生産力よりはるかに低いものであった。これらのことは、数字によって検討してみれば、よくわかることである。今でこそ第二次、第三次産業の生産額は農業生産額をこえるにいたっているけれども、戦前までは農村における生産額の方が大きかったのである。

戦後経済の二重構造について論議されたことがあったが、それでは二重構造のうちの下部構造がどのような伝統を持ってきたかについて論ぜられ解明せられたことはほとんどない。私はその問題にふれてみたかった。それを理論的に組みたてるのではなく、実例によって書いてみたかったのであるが、問題意識の方が少し出すぎたような感がふかい。

長い間地方を見聞して歩いてきたのだから、本書はそのとき得た実感を基礎にして記録など参照してゆけば、容易にまとめられるように思ったが、そう簡単なものではなかった。ということは私自身が田舎生れで都会生活が十分にわからないことが何としても弱かった。ただ大正の終りごろ、大阪釣鐘町で長屋生活をして、裏店の人たちと親しくしていたことがたいへん役に立った。そこではいろいろの人がいろいろの居職をしていた。店をかまえるのではなく、他へ勤めるのでもなく一日中家の中で帽子の木型を作ったり、下駄の鼻緒を作ったりして、それを問屋へ持っていって生活をたてていたのである。この人たちはほとんど無筆で、私はその代筆をよくさせられた。手紙がくれば読んでもあげた。恋文の代筆も何回かさせられた。思ってみるとみんないい人で、しかも私が字が読めるというので十六、七の私を兄さん兄さんといって大事にしてくれて、七十歳のばアさんも四十歳の小父さんも私のような者に身の上相談など持ちかけてきた。ほんとうの市井の生活は二カ年ほど、ふかく交ったのは十軒あまりの人たちであったが、田舎とは違った魂の寄り合いをそこに見ることができたのである。しかもそのような生活が大阪の町の大半を占めていた事も後に知るようになった。

大阪では釣鐘町のほかに八、九年をすごした。それこそほんとに場末の町の、もとは工場であったという建物の屋根裏や、雨が降れば道がぬかるんで、はいている下駄をとられてしまうような新開地の長屋、郊外のささやかな借家などを転々としてあるいた。堺の町にも一年ほど住んでみた。その体験がこの書の終りの三分の一ほどを書かせてくれたといってもいい。私はそこでいろいろの人を知り、いろいろの人とつきあった。

堺の町では、この町の古い仕組や慣習などについても実地にあたっていろいろ学ぶことができた。その導きをしてくれたのは杉浦瓢氏であった。この人を通して堺について実に多くのことを学んだ。その堺の町が戦災で焼けた夜、焼ける一時間前まで、私は市長さんとこの古い町を何とか戦火から守りたいものだと熱心に話しあい、その対策をたてるよう要請したのであった。

その堺の町も釣鐘町も昭和二〇年戦災ですっかり焼けおちた。そしてそこにおける古くからの生活も消え去ったようである。堺・大阪全体が戦災を境にすっかり変ってしまったのである。

市井の生活はもう一度してみたいと思うが家賃十円というような家はもう町の中にはなくなった。それに古い人たちもいない。思えば都会というものは戦後ずいぶんはなやかなところになってきたものである。

本書を書くにあたっては『徳川時代商業叢書』（国書刊行会）・『守貞漫稿』・豊田武氏

の『中世商業史の研究』・宮本又次氏の諸著にお世話になった。また中世の絵巻物は最近いろいろ見ているので、それから得たイメージは実に大きい。

終りに鈴木幹三氏にいつもながら励まされて漸く脱稿できたことを感謝する。

宮本常一

解説
無数の風景

鶴見太郎（つるみ　たろう）

民俗学とはすぐれて経験的な学問である。民俗事象が無数の人間によって積み重ねられた経験の堆積である一方、民俗学に従事する側にもまた、旅先その他における無数の出会いがある。

これから自分が叙述しようとする問題について、その素材となる具体的な像を自分の調査体験から取り出し、相互に関連させながら全体の流れをつかむ。そこで肝心となるのは、その素材に出会った時の印象を鮮明にしておくことである。そうであればこそ、初発の問題意識はいよいよしっかりしたものとなる。手がかりとなる風景をしっかりと手放さない。これは優れた民俗学者に共通しているといってよい。

宮本常一にはそうしたいくつもの風景が綴じ込まれていた。のみならず、「世間師」という意味で、それらの風景は実際に現場で活用するための方途として、それこそ指の先に到るまで一つ一つがすり込まれていた。そして、実際にそれらを自らの課題に応じて自在に繰り出せる器用さ、俊敏さを持っていた。

本書の構成には、しっかりとした二つの経済構造が基底に置かれている。すなわち、生活に必要な物資がほとんど全般にわたって自給可能な社会、そしてそれがままならずに交易を介することによって成り立つ社会、この二つを軸に列島における生業とその変容が一望のもとに収められている。黒曜石が持つ交易圏から「かつぎ屋」の盛んだった戦後の風景に到るまで、宮本の眼が及ぶ範囲は時間・空間の両面で驚くほど広い。

農民が余分な時間を藁仕事その他の生業に当てたくだりで登場する、「農民は同時に職人でもあった」という言葉は、こんにち日本の社会史を見る上で欠かせない視点となっているが、本書が書かれた六〇年代、日本史学において固定化された農業労働が当然視されていたことを傍らにおけば、ほとんど一つの史観を作ったといってもよい。しかも、補強する資料は見聞譚をふくめ、生産のみならず、流通・消費まで生活事象の全般にわたっている。その中で移動とともに成り立つ生業の一部が、やがて差別の対象となっていく過程も見逃さない。

こうした一連の叙述の背後には文献資料のみならず、宮本が旅の中で出会った数々の風景がある。実際、宮本の故郷・周防大島も生業という観点から折にふれて登場する。子供時代に見た「みすやはり」の行商にはじまり、四国山中に向けて多くの木挽を出した故郷の姿、さらに瀬戸内海地方で日を異にしながら立てられる市・縁日など、宮本の視線には自分もまたそれら移動を伴う伝承の中で育ったという自覚すら感じられる。それらの風景を宮本は生業という一点に集中させながら、配列していく。

しかし終わりの部分、特に都市を扱った段に入ってから、本書の執筆はそう簡単にすすまなかったと、宮本は記している。そしてそれをいかに乗り越えることができたか、「種明かし」に近いことも述べている。「あとがき」でもふれられている通り（二四六頁）、本書を書くにあたって宮本は当初、自分が各地で見聞した生業の記録を、その時々に感じたことを基礎にまとめていけば、全体の輪郭はつかめると想定していた。ところが、やがて都会が形成されるとともに、輸送や経営の形態、さらには人間関係も変化するという課題を前に、宮本は都会生活というものに疎い自分に気付くことから、作業は難航する。

その時、宮本が導きの糸としたのが、大阪在住時代の生活体験だった。大阪通信講習所を卒業した一九二四年（大正一三）年四月、大阪高麗橋郵便局に勤務が決まった宮本は勤務先にほど近い釣鐘町の長屋に間借りし、近所の人々から手紙の代書の依頼、身の上相談に応じた（『日本文化の形成　遺稿』そしえて、一九八一年、二一三―二一四頁）。十代半ば宮本は、この二年半にわたる長屋生活で近所の家々で営まれる下駄の鼻緒、帽子の木型作りなど、様々な居職《いじょく》に出会い、そこから生まれる「田舎とは違った魂の寄り合い」を目の当たりにする。その後転居した堺をふくめ、これら都市生活者の日常にふれた体験を、もう一度手許に引き寄せることで、宮本は本書を書き上げた。池田蘭子

『女紋』を素材に大阪の職人町の風情を描いたくだりは、本書でも忘れがたい場面であるが、その背後には、宮本が自身の記憶から「再発見」した、この青年時代の一齣がある。

風景とはそのままの形で素材となるとは限らない。そこで得た感触を手掛かりとしながら、異なる資料の中に同種の主題を見出す道をひらくこともある。宮本の力量とは、彼が接した幾多の風景から自分なりに主題を感得し、それを別の風景、別の資料へと連関させていく、その眼差しの中にある。

これまでの経験を通していま現在、自分が直面している課題に応えてくれる風景とは何か。それを宮本は反芻しながら、自分が過ごした十代の記憶に辿り着いた。隈なく日本列島を歩き、無数の風景を織り込ませた民俗学者の中には、その中でさらに、手放すことのない特別な風景があったのである。

（日本近現代史）

宮本常一略年譜

1907–1981

1907（明治40）年
八月一日、山口県大島郡東和町（周防大島、旧家室西方村）大字西方に父・善十郎、母・マチの長男として生まれる。生家は浜辺の農家。
1922（大正11）年　15歳
郷里の小学校高等科を卒業。祖父、両親について農業をする。翌年四月、大阪にいる叔父の世話で、大阪逓信講習所に入所。
1924（大正13）年　17歳
五月、逓信講習所卒業、大阪高麗橋郵便局に勤務。市の内外を歩きまわり、乞食の社会に興味を持つ。一九二六年、大阪府天王寺師範学校第二部に入学。文学書を乱読。
1927（昭和2）年　20歳
四月、大阪第八連隊へ短期現役兵として入営、八月末退営。九月、祖父・市五郎、死去。大阪府泉南郡有真香村修斉尋常小学校に就職（訓導）。翌年、四月、天王寺師範学校専攻科（地理学）に入学。古代・中世文学書を乱読。
1929（昭和4）年　22歳
三月、天王寺師範学校卒業、四月、泉南郡田尻小学校に赴任（訓導）。子供たちと周辺を歩きまわる。
1930（昭和5）年　23歳
一月、肋膜炎から肺結核を患い、帰郷し療養。この頃から古老の聞き書きをはじめ、『旅と伝説』に「周防大島」の発表がはじまる。
1932（昭和7）年　25歳
三月、健康回復し、大阪府泉北郡北池田小学校に代用教員として就職（翌年一月訓導となる）。山野や各集落を歩く。八月、父・善十郎、死去。
1933（昭和8）年　26歳
三月、帆船日天丸にて播磨高砂より豊後佐賀関にいたる。海への関心深まる。小旅行、きわめて多くなる。小谷方明らと和泉郷土研究会談話会をはじめる。ガリ版雑誌『口承文学』を編集刊行。短歌を詠む。雑誌『郷土研究』『上方』に採集報告などを執筆。
1934（昭和9）年　27歳
三月、泉北郡養徳小学校に転任（訓導）。九月、京都大学の講義に来た柳田國男と会う。沢田四郎作らと大阪民俗談話会（のちの近畿民俗学会）を結成する。

1935（昭和10）年　**28歳**
二月、泉北郡取石小学校に転任。三月、大阪民俗談話会に出席した渋沢敬三に会う。八月、柳田國男の還暦記念民俗学講習会が開かれる。それを契機として、全国組織「民間伝承の会」の設立と、機関誌『民間伝承』の発行が決まる。渋沢敬三に、郷里の漁村生活誌をまとめるようにすすめられる。十二月、玉田アサ子と結婚。

1937（昭和12）年　**30歳**
十二月、長男・千晴誕生。『河内国滝畑左近熊太翁旧事談』を刊行。

1939（昭和14）年　**32歳**
十月、上京し、アチック・ミューゼアム（一九四二年、日本常民文化研究所と改称）にはいり、民俗調査に全国を歩きはじめる。渋沢の強い影響を受ける。十一月、中国地方の旅に出る。

1942（昭和17）年　**35歳**
二月、胃潰瘍で倒れ、療養。七月からまた歩きはじめる。『出雲八束郡片句浦民俗聞書』『民間暦』『吉野西奥民俗採訪録』などを刊行。

1943（昭和18）年　**36歳**
二月、長女・恵子誕生。この年、保谷の民俗博物館所蔵の民具整理を宮本馨太郎、吉田三郎と共に行う。『屋久島民俗誌』『家郷の訓』『村里を行く』などを刊行。

1944（昭和19）年　**37歳**
一月、大阪に帰り、奈良県郡山中学校の教授嘱託となる。奈良県下を精力的に歩く。

1945（昭和20）年　**38歳**
四月、大阪府の嘱託となり、生鮮野菜需給対策を立てるため、府下の村々をまわる。七月、空襲によって、調査資料（原稿一万二千枚、採集ノート百冊、写真その他）一切を焼く。十月、戦災による帰農者をつれ北海道北見へ行く。道内開拓地の実情をたずね歩く。十二月、退職。

1946（昭和21）年　**39歳**
一月、百姓をするため郷里に引きあげる。二月、大阪府下の村々を農業指導に回り、あわせて、技術、習俗、社会組織などを調べる。四月、新自治協会の嘱託（農村研究室長）となり、食料増産対策のために全国を歩く。二男・三千夫誕生（夭折）。

1947（昭和22）年　**40歳**

農業の手すきの折を利用して農業指導に各地を歩く。十月、公職追放で暇になった渋沢と関西、瀬戸内、九州各地を歩き、地域リーダーたちに会う。

1948（昭和23）年　41歳

十月、大阪府農地部の嘱託となり、農地解放と農協育成の指導にあたる。「大阪府農業技術経営小史」「篤農家の経営」を書く。『愛情は子供と共に』『村の社会科』などを刊行。

1949（昭和24）年　42歳

六月、リンパ腺化膿のため危篤、命を取り留める。十月、農林省水産資料保存委員会調査員として、瀬戸内海漁村の調査にあたる。この年、民俗学会評議員になる。

1950（昭和25）年　43歳

八学会（翌年から九学会）連合の対馬調査に民族学班として参加。帰途、壱岐調査。翌年も継続。学問上大きな刺激を受ける。

1952（昭和27）年　45歳

三月、三男・光誕生。五月、長崎県五島列島学術調査に参加。漁民の移動を調べる。翌年、五月、肺結核が再発し赤坂前田病院に入院。十月、全国離島振興協議会設立、事務局長となる。『日本の村』を刊行。

1954（昭和29）年　47歳

十二月、林業金融調査会を設立、理事として指導と山村の社会経済調査にあたる。翌年、『海をひらいた人々』『民俗学への道』などを刊行。

1957（昭和32）年　50歳

五月、『風土記日本』（全7巻）の編集執筆（～一九五八年十二月）。

1958（昭和33）年　51歳

十月、木下順二らと雑誌『民話』を創刊。「年寄りたち」を連載、後に『忘れられた日本人』にまとまる。『中国風土記』を刊行。

1959（昭和34）年　52歳

十二指腸潰瘍で長期療養を命ぜられる。九月、「瀬戸内海島嶼の開発とその社会形成」（「瀬戸内海の研究Ⅰ」）によって、東洋大学より文学博士の学位を受ける。『日本残酷物語』の編集・執筆にとりくむ（全5巻＋現代篇2巻、～一九六〇年七月）。

1960（昭和35）年　53歳

『忘れられた日本人』『日本の離島』（第1集）などを刊行。

1961（昭和36）年　54歳

『日本の離島』により日本エッセイスト・クラブ賞受賞。中国文化賞受賞。『庶民の発見』『都市の祭と民俗』などを刊行。

１９６２（昭和37）年　**55歳**

三月、母・マチ死去。四月、妻子上京、一緒に住む。八月、柳田國男逝去。『甘藷の歴史』を刊行。

１９６３（昭和38）年　**56歳**

十月、渋沢敬三逝去。この年、若い友人たちとデクノボウ・クラブをつくり、雑誌『デクノボウ』を出す。「日本発見の会」をつくり、雑誌『日本発見』を出す。『民衆の知恵を訪ねて』『村の若者たち』『開拓の歴史』などを刊行、『日本民衆史』（全６冊）刊行開始。

１９６４（昭和39）年　**57歳**

四月、武蔵野美術大学非常勤教授となる。『山に生きる人びと』『離島の旅』『日本の民具』（全４巻〈渋沢敬三先生追悼記念出版〉）などを刊行。

１９６５（昭和40）年　**58歳**

四月、武蔵野美術大学専任教授（民俗学、生活史、文化人類学担当）となる。この頃から民具の調査研究に本格的に取り組む。『絵巻物による日本常民生活絵引』（全5巻、共著）、『瀬戸内海の研究Ⅰ』などを刊行。

１９６６（昭和41）年　**59歳**

一月、日本観光文化研究所開設、所長として姫田忠義、長男・千晴らと研究に従事。四月、武蔵野美術大学に生活文化研究会をつくる。『日本の離島』（第2集）を刊行。

１９６７（昭和42）年　**60歳**

三月、『宮本常一著作集』（未來社）の刊行始まる。四月、早稲田大学理工学部講師となり、民俗学を講ずる。七月、結核再発し、北里病院に入院。

１９７０（昭和45）年　**63歳**

横浜市緑区霧ヶ丘遺跡調査団長として発掘に従事。八月、佐渡で「日本海大学」を開く。新潟県佐渡小木町などを歩く。

１９７２（昭和47）年　**65歳**

九月、日本生活学会設立、理事就任。

１９７５（昭和50）年　**68歳**

七月、日本観光文化研究所アムカス探険学校に参加。アフリカのケニア、タンザニアで民族文化調査を行う。十一月、日本民具学会設立、幹事となる。

１９７７（昭和52）年　**70歳**

三月、大学を退職。三男・光が郷里で農業に従事、しばしば帰郷。村崎義正らに猿まわしの復活をすすめ応援する。十月、済州島に渡り、海女の調査を行う。十二月、『宮本常一著作集』（第一期25巻）完成によって、日本生活学会より今和次郎賞を受賞。

1978（昭和53）年　71歳

九月、今西錦司、四手井綱英、河合雅雄、姫田忠義らと猿の教育研究グループを結成。『民俗学の旅』を刊行。

1979（昭和54）年　72歳

周防大島久賀町の棚田の石組みの調査。福島県飯坂温泉再開発調査に参加。土佐へ長州大工の調査に行く。七月、日本観光文化研究所において「日本文化形成史」講義をはじめる（没後、『日本文化の形成』3巻に）。

1980（昭和55）年　73歳

三月、郷里山口県大島郡東和町に郷土大学をつくり、学長となる。七月、志摩民俗資料館をつくる。九月、中国を歩く。「海から見た日本」（日本民族とその文化の形成史）の構想かたまり、執筆準備にかかる。十二月、都立府中病院に入院。

1981（昭和56）年　73歳

一月、再度入院。一月三十日、胃癌のため死去。

＊『生きていく民俗』は〈日本の民俗〉シリーズ全11巻（責任編集＝池田彌三郎・宮本常一・和歌森太郎、河出書房新社）の第3巻として、一九六五年二月に刊行された（原題『生業の推移』）。本文庫は、その改訂新装版（一九七六年五月刊）を底本とする。表記等は著者物故により刊行時のままとした。図版は主に新装版より収録。

生《い》きていく民俗《みんぞく》
生業《せいぎょう》の推移《すいい》

二〇一二年 七 月二〇日 初版発行
二〇二四年 五 月三〇日 9刷発行

著 者 宮本常一《みやもとつねいち》

発行者 小野寺優
発行所 株式会社河出書房新社
〒一六二-八五四四
東京都新宿区東五軒町二-一三
電話〇三-三四〇四-八六一一（編集）
〇三-三四〇四-一二〇一（営業）
https://www.kawade.co.jp/

ロゴ・表紙デザイン 粟津潔
本文フォーマット 佐々木暁
本文組版 株式会社創都
印刷・製本 ＴＯＰＰＡＮ株式会社

Printed in Japan ISBN978-4-309-41163-7

寄席はるあき

安藤鶴夫〔文〕　金子桂三〔写真〕　40778-4

志ん生、文楽、圓生、正蔵……昭和30年代、黄金時代を迎えていた落語界が今よみがえる。収録写真は百点以上。なつかしい昭和の大看板たちがずらりと並んでいた遠い日の寄席へタイムスリップ。

免疫学問答　心とからだをつなぐ「原因療法」のすすめ

安保徹／無能唱元　40817-0

命を落とす人と拾う人の差はどこにあるのか？　不要なものは過剰な手術・放射線・抗ガン剤・薬。対症療法をもっぱらにする現代医療はかえって病を増幅・創出している。あなたを救う最先端の分かりやすい免疫学の考え方。

映画を食べる

池波正太郎　40713-5

映画通・食通で知られる〈鬼平犯科帳〉の著者による映画エッセイ集の、初めての文庫化。幼い頃のチャンバラ、無声映画の思い出から、フェリーニ、ニューシネマ、古今東西の名画の数々を味わい尽くす。

あちゃらかぱいッ

色川武大　40784-5

時代の彼方に消え去った伝説の浅草芸人・土屋伍一のデスペレートな生き様を愛惜をこめて描いた、色川武大の芸人小説の最高傑作。他の脇役に鈴木桂介、多和利一など。シミキンを描く「浅草葬送譜」も併載。

実録・山本勘助

今川徳三　40816-3

07年、大河ドラマは「風林火山」、その主人公は、武田信玄の軍師・山本勘助。謎の軍師の活躍の軌跡を、資料を駆使して描く。誕生、今川義元の下での寄食を経て、信玄に見出され、川中島の合戦で死ぬまで。

恐怖への招待

楳図かずお　47302-4

人はなぜ怖いものに魅せられ、恐れるのだろうか。ホラー・マンガの第一人者の著者が、自らの体験を交え、この世界に潜み棲む「恐怖」について初めて語った貴重な記録。単行本未収録作品「Rojin」をおさめる。

狐狸庵交遊録

遠藤周作 40811-8

遠藤周作没後十年。類い希なる好奇心とユーモアで人々を笑いの渦に巻き込んだ狐狸庵先生。文壇関係のみならず、多彩な友人達とのエピソードを記した抱腹絶倒のエッセイ。阿川弘之氏との未発表往復書簡収録。

花は志ん朝

大友浩 40807-1

華やかな高座、粋な仕草、魅力的な人柄──「まさに、まことの花」だった落語家・古今亭志ん朝の在りし日の姿を、関係者への聞き書き、冷静な考察、そして深い愛情とともに描き出した傑作評伝。

ヘタな人生論より徒然草 賢者の知恵が身につく“大人の古典”

荻野文子 40821-7

世間の様相や日々の暮らし、人間関係などを“融通無碍な身の軽さ”をもって痛快に描写する『徒然草』。その魅力をあますことなく解説して、複雑な社会を心おだやかに自分らしく生きるヒントにする人生論。

志ん朝のあまから暦

古今亭志ん朝／齋藤明 40753-1

「松がさね」「七草爪」「時雨うつり」……、今では日常から消えた、四季折々の行事や季語の世界へ、粋とユーモアあふれる高座の語り口そのままに、ご存じ古今亭志ん朝がご案内。日本人なら必携の一冊。

日本料理神髄

小山裕久 40790-6

日本料理とは何か。その本質を、稀代の日本料理人が料理人志望者に講義するスタイルで明らかにしていく傑作エッセイ。料理の仕組みがわかれば、その楽しみ方も倍増すること請け合い。料理ファン必携！

新編 百物語

志村有弘〔編・訳〕 40751-7

怪奇アンソロジーの第一人者が、平安から江戸時代に及ぶさまざまな恐い話を百本集めて、巧みな現代語にした怪談集成。「今昔物語集」「古今著聞集」「伽婢子」「耳袋」など出典も豊富でマニア必携。

ちんちん電車
獅子文六　40789-0

昭和のベストセラー作家が綴る、失われゆく路面電車への愛惜を綴ったエッセイ。車窓に流れる在りし日の東京、子ども時代の記憶、旨いもの……。「昭和時代」のゆるやかな時間が流れる名作。解説＝関川夏央

天下大乱を生きる
司馬遼太郎／小田実　40741-8

ユニークな組み合わせ、国民作家・司馬遼太郎と“昭和の竜馬”小田実の対談の初めての文庫化。「我らが生きる時代への視点」「現代国家と天皇制をめぐって」「『法人資本主義』と土地公有論」の三部構成。

少年西遊記　1・2・3
杉浦茂　1／40688-6　2／40689-3　3／40690-9

皆さんおなじみの孫悟空でございい。これからぼくの奇妙奇天烈な大暴れぶりを、お目にかけることになったので、応援よろしく。漫画の神様手塚治虫も熱狂した杉浦版西遊記がはじめて連載当時の姿で完全復活！

少年児雷也　1・2
杉浦茂　1／40691-6　2／40692-3

でれでれーん。われらが児雷也の痛快忍術漫画のはじまりはじまり。大蛇丸、ナメクジ太郎ら、一癖もふた癖もあるへんてこ怪人相手に紙面狭しと大暴れ。杉浦茂の代表作がはじめて連載当時の姿で完全復活！

大人の東京散歩
鈴木伸子　40986-3

東京のプロがこっそり教える情報がいっぱい詰まった、大人のためのお散歩ガイド。変貌著しい東京に見え隠れする昭和のにおいを探して、今日はどこへ行こう？　昭和の懐かし写真も満載。

国語の時間
竹西寛子　40604-6

教室だけが「国語の時間」ではない。日常の言葉遣いが社会生活の基盤となる。言葉の楽しさ、恐しさを知る時、人間はより深味を帯びてくる。言葉と人間との豊かな関係を、具体的な例を挙げながら書き継いだ名随筆。

満州帝国

太平洋戦争研究会〔編著〕　40770-8

清朝の廃帝溥儀を擁して日本が中国東北の地に築いた巨大国家、満州帝国。「王道楽士・五族共和」の旗印の下に展開された野望と悲劇の40年。前史から崩壊に至る全史を克明に描いた決定版。図版多数収録。

二・二六事件

太平洋戦争研究会〔編〕　平塚柾緒〔著〕　40782-1

昭和11年2月26日、20数名の帝国陸軍青年将校と彼らの思想に共鳴する民間人が、岡田啓介首相ら政府要人を襲撃、殺害したクーデター未遂事件の全貌！　空前の事件の全経過と歴史の謎を今解き明かす。

太平洋戦争全史

太平洋戦争研究会　池田清〔編〕　40805-7

膨大な破壊と殺戮の悲劇はなぜ起こり、どのような戦いが繰り広げられたか――太平洋戦争の全貌を豊富な写真とともに描く決定版。現代もなお日本人が問い続け、問われ続ける問題は何かを考えるための好著。

ヒゲオヤジの冒険

手塚治虫　40663-3

私立探偵伴俊作、またの名をヒゲオヤジ！　「鉄腕アトム」「ブラック・ジャック」から初期の名作まで、手塚漫画最大のスターの名演作が一堂に！幻の作品「怪人コロンコ博士」を初収録。全11編。

華麗なるロック・ホーム

手塚治虫　40664-0

少年探偵役でデビュー、「バンパイヤ」で悪の化身を演じた、手塚スターーの悪魔的美少年ロック、またの名を間久部緑郎。彼のデビュー作から最後の主演作までを大公開！　「ロック冒険記」幻の最終回。

幸福の無数の断片

中沢新一　40349-6

幸福とは何か、それはいっさいの痕跡を残さないまま、地上から永遠に消え去ってしまうかもしれない人生の可能態。キラキラ飛び散った幸福の瞬間を記録し、その断片たちを出会わせる、知と愛の宝石箱。

桃尻語訳 枕草子 上・中・下

橋本治

上／40531-5
中／40532-2
下／40533-9

むずかしいといわれている古典を、古くさい衣を脱がせて、現代の若者言葉で表現した驚異の名訳ベストセラー。全部わかるこの感動！　詳細目次と全巻の用語索引をつけて、学校のサブテキストにも最適。

シネマの快楽

蓮實重彥／武満徹　47415-1

ゴダール、タルコフスキー、シュミット、エリセ……名作の数々をめぐって映画の達人どうしが繰り広げる、愛と本音の名トーク集。映画音楽の話や架空連続上映会構想などなど、まさにシネマの快楽満載！

カリフォルニアの青いバカ

みうらじゅん　47298-0

お、おまえらどぉーしてそうなの。あー腹が立つ。もういいよホントに……。天才的観察眼を持つ男・みうらじゅんが世にはびこるバカを斬る。ほとばしるじゅんエキス、痛快コラム＆哀愁エッセイ。解説＝田口トモロヲ

万博少年の逆襲

みうらじゅん　40490-5

僕らの世代は70年の大阪万博ぐらいしか自慢できるもんはありません。とほほ……。ナンギな少年時代を過ごした著者が、おセンチなエロ親父からバカ親父への脱皮を図るために綴った、青春へのオマージュ。

時刻表2万キロ

宮脇俊三　47001-6

時刻表を愛読すること40余年の著者が、寸暇を割いて東奔西走、国鉄（ＪＲ）266線区、２万余キロ全線を乗り終えるまでの涙の物語。日本ノンフィクション賞、新評交通部門賞受賞。

水木しげるの【雨月物語】

水木しげる　40125-6

当代日本の“妖怪博士”が、日本の古典に挑む。中学時代に本書を読んで感銘を受けた著者が、上田秋成の小説をいつか自分の絵で描きたいと念願。「吉備津の釜」、「夢応の鯉魚」、「蛇性の婬」の３篇収録。